た～くさんある！
麹調味料の魅力

その1

腸内環境が整う

腸内にはたくさんの菌がいますが、それぞれの菌のバランスが大切。身体に良い影響をもたらす善玉菌を増やすことが、腸内環境を良くすることにつながります。麹調味料には、食物繊維や、麹の酵素の力によって発酵の過程で生まれた、オリゴ糖が含まれています。この食物繊維やオリゴ糖は、腸内の善玉菌のエサになることで、腸内の善玉菌を増やし腸内環境を整えてくれます。また、麹菌も善玉菌の一種で、加熱すると死んでしまうのですが、死んでしまった菌でも、オリゴ糖や食物繊維のように腸内で善玉菌のエサになり、腸内環境を整えることに役立つと言われています。

腸内環境が整うと…

① 便秘の解消
便秘の解消は美肌や痩せやすい身体作りにもつながる。

② 健康的で痩せやすい身体になる
善玉菌が食物繊維をエサにして産出する短鎖脂肪酸が代謝を促進し、脂肪の蓄積を防いでくれる。

③ 幸せホルモン（セロトニン）の分泌を助ける
脳内のセロトニンの材料となるトリプトファンを効率よく生成できるので、活力アップや心の平穏（不安やイライラ、落ち込みを解消）などのメンタル面への良い影響や、睡眠の質が向上する。リラックスした状態は腸内環境を良くするので、さらにセロトニンの分泌を促し、幸せのループができる。

④ 免疫力が高まる
免疫細胞の約7割が腸内にあると言われており、腸内環境が整うと、免疫細胞が正しく刺激され、免疫力がアップする。アレルギー緩和、自律神経が整う効果も。

美肌、美髪がかなう

麹には、美白やアンチエイジングに効果的な
コウジ酸という栄養素が含まれています。この
コウジ酸が、シミのもとになるメラニンを作り出
す酵素の働きを抑制してくれるので、美白・
美肌効果が見込めます。また、肌の代謝を助
けるビタミンB群も豊富で、血行を促進してく
れるので、肌の老廃物をとり除く効果も。健康
な髪の毛の育成に必要な必須アミノ酸も含ま
れているのですが、この必須アミノ酸は体内
で生成することができません。食事から摂取
することが必要なので、麹調味料を使うことで
自然に取り入れられるのも魅力です。

その4

アンチエイジングにも

抗酸化物質も豊富に含まれているので、アン
チエイジングも期待できます。酵素の働きに
より、食材の栄養素を消化吸収しやすい形
に変えてくれるので、胃腸の負担も軽減。そ
んな面からも腸活につながるとともに、消化吸
収に必要な体内酵素の節約にもなるので、
老化予防に役立つとされます。

その3

健康的で
痩せやすい身体に

その1でお伝えしたように、腸内環境が整うこ
とでも、便秘が解消されたり代謝が上がった
りするのですが、それだけではなく、麹に豊富
に含まれるビタミンB群にも、糖やタンパク
質、脂質の代謝を助けてくれる働きが。栄養
素を効率よくエネルギーに変えることができる
ので、疲労回復効果や、脂肪が蓄積するの
を防いでくれて、痩せやすい身体作りにもつ
ながってきます。

甘麹を水や、無調製豆乳等
お好みのミルクで割れば、
毎日おいしく飲める甘酒に!

甘麹の作り方は
P62

漬けて、混ぜて

食材の魅力が引き立つ

料理はシンプルに、でも味はレベルアップ

麹調味料は発酵の力により、栄養だけでなく旨みもたっぷりです。塩や醤油などよりも旨みや甘み、コクのある味わいになるので、麹調味料ひとつでバッチリ味が決まります。食材とただあえるだけ、かけるだけでもおいしくなり、いつもの料理がワンランクアップします。

その6

健康にもつながる酵素の力で食材がおいしく!

主に3つの酵素の力で、身体に嬉しい効果がたくさん望めると同時に、食材の旨みや栄養素をアップしておいしくしてくれます。

酵素① アミラーゼ
炭水化物に含まれるデンプンを、甘みのもとであるブドウ糖に分解し、食材の甘みを引き出す。さらに、吸収しやすい形に変えてくれるので、すぐにエネルギー源になり疲労回復効果も。

酵素② プロテアーゼ
タンパク質を旨み成分であるアミノ酸に分解し、食材の旨みを引き出し、食材をやわらかくしっとりさせる。消化吸収の負担を軽減してくれ、体内酵素の節約になり老化予防にもつながる。

酵素③ リパーゼ
脂質を分解し、脂っこさを抑え、肉や魚の臭みを軽減(だから本書のレシピでは、臭み消しの酒は基本的に使いません!)。胃もたれを予防することができる。

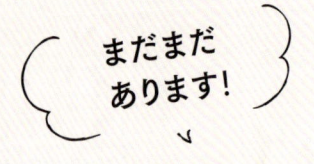

まだまだ
あります!

麹調味料の＋*α*の魅力

腸活や料理をおいしくするだけにとどまらず、麹調味料は離乳食に使えたり
減塩にもなったり、子どもにも大人にもうれしいことがたくさんあります。

添加物を減らせる

コンソメや中華だしや鶏ガラスープの素、めんつゆ等、旨みや保存性を高めるために添加物が入っているものも多いが、それらをコンソメ麹や中華麹、めんつゆ麹に置き換えることで、添加物を減らして、おいしいを手に入れることができる。

正しい味覚が形成できる

麹調味料は自然の旨みがたっぷり。化学調味料等の旨みに頼らずに自然の旨みを日々口にすることで、旨みをおいしいと感じ取れる正しい味覚が育つ。子どもは正しい味覚が育つことで将来の食の嗜好に良い影響があり、生活習慣病の予防等につながる。大人も、旨みを生かした料理を食べる習慣を続けると、だんだんと正しい味覚が戻ってくる。

減塩になる

麹調味料自体にも旨み成分がたっぷり含まれていることと、食材を漬けておくことで食材自体の旨みや甘みを引き出してくれるので、濃い味付けにしなくても旨みが補われ、おいしくなる。また、塩麹大さじ2に含まれる塩分量は、塩小さじ1と同程度。いつもの塩の3倍量で置き換えて使っても、摂取する塩分量は約半分。醤油麹も、醤油を同量の醤油麹に置き換えると、塩分量は半分近くに。コンソメ麹や中華麹も、本に記載している置き換え目安通りに置き換えても、含まれる塩分量は麹調味料の方が少ない（※この本に記載の麹調味料の場合）。

離乳食（後期以降）にも使える

麹の原材料は米なので、塩分や材料のアレルギー等に配慮すれば、離乳食にも使える。塩や醤油や砂糖などの味付けを「風味づけ程度に開始しても良い」と言われる離乳食後期（カミカミ期の生後9カ月頃〜。月齢は目安）頃から、風味づけ程度のごく少量から使える。腸内環境のベースは3歳までに決まるとも言われているし、麹調味料は消化にも優しく、旨みもたっぷりなので離乳食にもおすすめ。各麹調味料の置き換え目安を参考に、塩分量に配慮して使うことと、他の食材と同じように、まずはお子さんの身体に合うかどうか、少量から様子を見てあげてみて。甘麹に塩分はありませんが、甘みが強いので薄めたり、調味料として少量から使ったりするのがおすすめ。

のんすけ流の麹調味料作りは…炊飯器ドーーンですぐ完成！！！

麹調味料作りと聞くと、どうしてもハードルが高いと感じる方も多いのではないでしょうか。「作るのに手間や時間がかかりそう」「温度管理が難しそう」などなど、あらゆる「面倒な手間」を省いた究極の、のんすけ流"おきらく麹調味料作り"がついに完成しました！　3種類の麹調味料が同時にあっという間にできるのでぜひ試してみてください。

取消

炊飯器で3種一気にできる
塩麹・醤油麹・甘麹の作り方

※コンソメ麹、中華麹、めんつゆ麹も同様にこの方法で作れます。 ※1種類ずつ作る一般的な作り方は各章ごとに載せています。

準備するもの

炊飯器（5合炊き用を使用）

耐熱温度100℃のチャック付きポリ袋
（耐熱温度100℃のジップロック®Mサイズ使用）

布巾やタオル

60℃程度のお湯
（材料がかぶる程度の量が目安）

材料

【塩麹】 できあがり量約370㎖

乾燥米麹	160g
水	240㎖（240g）
塩	60g

【醤油麹】 できあがり量約350㎖

乾燥米麹	150g
水	60㎖（60g）
醤油	210㎖（240g）

【甘麹】 できあがり量約400㎖

乾燥米麹	200g
水か60℃程度のお湯	280㎖（280g）

※ 生麹で作る場合の分量は
　各麹調味料の作り方ページを参照。

❶ ポリ袋にそれぞれの材料を
　入れてよく混ぜる

袋は少しだけ
開けておく

それぞれの材料をチャック付きポリ袋に入れた
ら、よくもみ混ぜて空気をぬき、端を少しだけ開
けて口を閉じる。

❷ 炊飯釜に布巾やタオルを敷き ❶を入れる

炊飯釜に布巾やタオルを敷いて直接触れる部分が
熱くなりすぎないようにしたら、❶を釜に入れる。

❸ 材料がかぶる5合の線を目安に、大体60℃のお湯を入れる

水2合分+沸騰した
お湯3合分でも作れる
※5合炊きの場合

おおよそ60℃の湯を材料がかぶる程度まで注ぐ
(2合の線まで水道水[常温の水]を入れて、沸騰
したお湯を5合の線まで入れたら大体60℃にな
る)。

※お湯の温度が70℃を超えてしまうと、発酵に必要な酵素が失
活してしまうので、必ず水から先に入れて、熱湯が材料に直接
かからないようにする。

❹ 濡れ布巾やタオルをかけて 6〜8時間発酵させる

蓋は閉めず
保温開始!

釜の上から布巾やタオルをふんわりかけて、炊飯
器の蓋を開けたまま保温ボタンを押す。約6〜8
時間保温して発酵させたらできあがり。

※できれば2時間程度たったところで、一度袋の口を開け、空
気に触れさせながら、上下を返すように袋の上からもみ混ぜ
ると、まんべんなく発酵が進みやすくなる。

注意点

・麹菌や酵素は60〜70℃以上の熱に弱いので、熱
湯が麹調味料に直接かかってしまうとうまく働かな
くなることがあります。熱湯を入れる際は必ず水か
ら先に炊飯釜に入れ、熱湯が麹調味料の入った袋に
直接かからないように入れてください。

・炊飯器によって、保温の温度設定が変わりますが、
大体55〜65℃くらい(70℃は超えないように)
を維持できればOK。入れたときのお湯の温度が
60℃より低い、または少し高めでも、保温している
間に適温になるので神経質にならなくても大丈夫。

※中には保温の温度を自動で上下させて適温で保
温する炊飯器等もあり、60℃前後を維持できない炊
飯器もあります。確認してから使用してください。

品数が少なくても
具材てんこ盛りで大満足!

01

具沢山
2品献立

2品だけ作ればOK! 献立を考えるのも作るのも、一気にハードルが下がるのでは?
メイン料理の他に、おかずを何品も作る代わりに、
それぞれを具沢山にして品数を補うので、2品でも栄養満点です。

具沢山メイン + 具沢山炊き込みごはん	or	具沢山メイン + 具沢山スープ	or	具沢山メイン + 具沢山野菜おかず

▼

・献立を考えるのも作るのも、格段にラクに!

・品数が少ないから洗い物も減る!

・肉や野菜それぞれの食材の旨みや甘みが掛け合わされて、よりおいしくなる!

副菜の代わりに
メインを野菜たっぷりに!

ごはんも具材多めにして
満足度アップ!

1品だけに手をかけて
あとはパパッと作るがラク!

02

作る手間はほぼ2品
3品献立

3品のうちの2品はとにかく簡単なものでOK!
メインやおかずの煮込み時間や放置時間で他の2品をパパッと作ったり、
副菜を冷やしたり煮込んでいる間にメインを作ったりと、
効率を重視することで品数が増えても手早く作れます。

| ちょっと頑張る メイン | + | ・ほぼ放置で煮るだけ1品 ・切ってあえるだけ1品 ・炊飯器やトースターやオーブンにお任せ1品 | このうち2品! |

▼

・品数が増えても面倒な手間なし。「手が込んだ風」の献立が完成!

・本書ではムダな時間が出ないよう手順を考え抜いているから効率よく作れる!

ほぼ放置で煮るだけ！
親子丼で使った
だしパックも再利用

切ってあえるだけ！
メインと共通の野菜を
使ってムダなし！

汁物を煮ながら
メインを作る！

献立決めと料理を

1. 調理法を被らせない
(同じグループの組み合わせを避けると◎)

グループ1

揚げる・焼く・炒める

○ おいしさ、食べる楽しさ。
脂も必要な栄養(特に子どもには)。
油と一緒にとることで
吸収率が上がる栄養素もある。

- -

△ 消化に負担がかかったり、
脂肪の蓄積につながったり
するため油のとりすぎには注意。

グループ2

煮る・茹でる・蒸す

○ 消化が良くなる。数種類の食材を
一緒に煮ることで互いの旨みで
おいしさを引き立て合う。

- -

△ 一見身体に良さそうに見えるが、
水溶性ビタミンの流出や、
加熱に弱いビタミンや酵素が
失われやすい。

グループ3

生
（なま）

○ ビタミンや食物酵素、
食物繊維をまるっと摂取できる。

- -

△ 食べすぎると身体を冷やしたり、
消化に負担がかかることもある。

グループ内の調理法を絶対に「被らせてはいけない」と考えるのではなく、献立を考える際のヒントとしてゆるく意識するだけでOK! 1品決めたら残りは他のグループから選べば良いので、献立を考える枠が狭まり、何を作ろうか迷いにくくなる効果も。
さらに、違うグループからメニューを選ぶと、コンロ、鍋やフライパンなど調理器具もほぼ被らないので、ムリのない調理手順になって効率的になることも! 毎日のごはん作りのハードルを少し下げてくれて、自然と栄養も整う、良いことずくめのセオリーです。
本書で紹介する献立は全てこれに当てはまっているので、まるっと真似してみてください。

ラクにする "セオリー&テクニック"

2.「お助け食材」を常備する

スグに使える食材をストック

冷凍ささがきごぼう

ドライパックのひじき

余った野菜を冷凍保存

えのき茸

ブロッコリーの芯

旨み食材をちょい冷凍

スープや煮物、炊き込みごはんにちょい入れして旨みUP！

手羽先

鶏皮

時短になるだけでなく、ちょっと栄養をプラスしたいとき、旨みを足したいとき、買い物に行かずにあるもので済ませたいときにも、これらを常備しておくと大助かり。

常備するものを選ぶポイントは「切るのが手間な野菜（ささがきごぼう）」「生で買うと日持ちがしない食材（ひじき）」「季節性がありいつもは手に入りにくいもの（グリンピースや枝豆やコーン）」「旨みを補えるもの（カット油揚げ、ごぼう、ツナ）」などなど。

ゆる腸活には「海藻類、きのこ類、食物繊維」を継続してとることも大切なので、乾燥カットわかめや冷凍ささがきごぼう、きのこ類を切って冷凍して常備しておくのもおすすめです。野菜を切って冷凍するのに、わざわざ時間をとるのは大変なので、あくまでもごはん作りの「ついで」に「食材が余ったとき」にやるようにしています。洗い物も新たに増えず、食材を無駄なく使い切れるので一石二鳥です。

目次

腸活にストレスは大敵。
無理なく「おきらく」に使ってください

麹調味料をたくさん常備していなくても大いに活用できる本です!!

（麹代用可能）がついているレシピは、麹調味料を一般的な調味料で代用して作ることが可能です。

麹調味料で作る方がよりおいしいですが、麹調味料を切らしているときなどにご活用ください。

※コンソメや鶏ガラスープの素やめんつゆは、レシピの分量を目安に、お使いのものに合わせて量を調整してください。
※塩麹、醤油麹はそれぞれ市販のもの、甘麹は市販の濃縮甘酒でも代用OKです。

メイン料理もおかずも、基本的には同じ麹調味料で作れる献立を紹介しています。

さらにバリエーションを楽しむことができるように、その他のオススメおかずの紹介や、各章の最後に簡単な副菜のレシピをまとめています。お好みの組み合わせにアレンジしてお楽しみください。

- 材料（4人分）はだいたい大人4人分を目安にしています。

- 大さじ1＝15㎖、小さじ1＝5㎖、にんにく1片＝10g、
  しょうがスライス1枚＝5gです。

- 特に記載がない場合の火加減は中火です
  （火加減は目安です。使用するコンロや調理器具によって調整してください）。

- 特に記載がない場合は香りのない油を使用しています
  （米油や無香タイプのココナッツオイル等。太白ごま油やサラダ油でもOK）。

- 麹調味料の良さを最大限に生かすため、肉や魚を麹調味料に
  漬けてから調理するレシピが出てきますが、漬ける時間は
  目安です。時間がない場合は漬けてすぐに次の工程に
  移っても作れます。

- 肉や魚は30分以内であれば室温で、それ以上の場合は
  冷蔵庫で漬けています（気温が高い場合は短い時間でも冷蔵庫に
  入れてください。調理する少し前に常温にもどすのがおすすめです）。

- 食材の切り方は材料欄に記載しているため、
  作り方では材料を切る工程を省いています。

Staff

アートディレクション
松浦 周作（mashroom design）

ブックデザイン
阿嘉 夏実（mashroom design）

写真
市瀬 真以

スタイリング
木村 柚加利

校正
麦秋アートセンター

DTP
山本 秀一、山本 深雪（G-clef）

撮影協力
UTUWA（TEL: 03-6447-0070）

編集協力
小島 千明

編集
竹内 詩織（KADOKAWA）

アシスタント
増子 友紀子、池上 悦美

chapter 1

塩麹・醤油麹・甘麹の作り方とレシピ

材料を2つまたは3つ混ぜるだけ！で魔法みたいに料理をグーンとおいしくしてくれる
塩麹・醤油麹・甘麹。それぞれの麹調味料がひとつあるだけでも、かなりの用途に
活用できて、和風、洋風、中華風と幅広いメニューを作ることができます。
単品使いはもちろんですが、これらの麹調味料は組み合わせて使うのもおすすめ。
味付けの幅がさらに広がって日々の料理が楽しく、おきらくになるはずです。
さあ、豊かで健康的な麹ライフをスタートさせましょう♪

塩麹の作り方／基本の使い方

保存容器は煮沸やアルコールスプレー等で消毒したものを使ってください。
かき混ぜるスプーンやその他の道具は、清潔なものであれば消毒はしなくてもOK！ 炊飯器でも作れます（P14、15参照）。

材料

【できあがり量約350㎖】

生米麹	200g
水	200㎖（200g）
塩	60g

または…

【できあがり量約370㎖】

乾燥米麹	160g
水	240㎖（240g）
塩	60g

基本の使い方

塩 **小さじ1**

↓

塩麹 **大さじ1〜2**を
目安に置き換える

【漬ける】
肉や魚**200g**を
塩麹 **大さじ1**に漬けて焼く

【あえる】
野菜**200g**に
塩麹 **大さじ1**をあえる

❶ 米麹・塩・水をよく混ぜる

↓

↓

＼ 蓋は少し開けておく ／

生麹を使った場合は水はもっと少なく見える

保存容器に米麹、塩を入れてまんべんなく混ぜてから、水を入れてよく混ぜ密閉せずに蓋をする。米麹が固まっている場合は清潔な手でほぐしてから使う。

『旨みたっぷりなので、塩の代わりに使うだけでバッチリ味が決まり、
野菜とあえるだけ、肉や魚に漬けて焼くだけでも食材がグッとおいしくなります。
和洋中どんな料理にも使えるオールマイティな麹調味料です!』

❷ 常温または55〜60℃で発酵させる

【常温発酵の場合】

直射日光の当たらない室内で1〜2週間を目安に発酵させる。1日1回清潔なスプーンやヘラなどでかき混ぜる（カビないように、容器の内側の側面やふちについた塩麹を、ヘラ等でぬぐっておくと良い）。

【55〜60℃発酵の場合】

ヨーグルトメーカーやオーブンの発酵機能で55〜60℃で6〜8時間発酵させる。発酵開始1時間半〜2時間後に1回かき混ぜて、その後はできれば2〜3時間おきにかき混ぜるのがおすすめ。

1日1回かき混ぜる

**使用する米麹により、水分量が変わる。
水分が足りないと発酵がうまくいかないので、必要に応じて水を足して。**

△ 様子を見ながら水を追加

○ 水を足さなくてOK

常温発酵の場合は1〜2日後、55〜60℃発酵の場合は1時間半〜2時間後に最も水分が少なくなるもの。このとき一度かき混ぜ、米麹が水分に浸かるように上からギュッと押して（発酵が進むと少しずつ水分が戻ってくる）。それでも米麹が水から顔を出していたら、10㎖程度から様子を見ながら水を足すと良い。

❸ 米麹がやわらかくなったら完成

米麹がやわらかくなり、とろみがついて塩気がまろやかになったら完成! 密閉して冷蔵保存または冷凍保存する。

(MEMO) 冷蔵後は、基本的にはかき混ぜなくてOK。冷凍してもカチカチには凍らないので、解凍せずにそのまま使える（その他の麹調味料も同様）。

冷蔵保存:約3カ月
冷凍保存:約半年

ブレンダーなどでペースト状にしてもOK

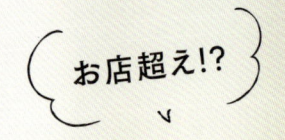

お店超え!?

ごちそうハンバーグの2品献立

前著の『おきらく麹ごはん』で大絶賛されたハンバーグが進化しました!
ハンバーグを煮ている間にペンネを茹でたりと料理の工程を工夫したことで、
見た目によらず簡単に作れるのもポイントです。
バジルを入れる前に取り分ければ、バジルが苦手な方やお子様もおいしく食べられます。

フレンチマリネサラダの
レシピはP42をチェック!

2品献立の手順					
マルゲリータハンバーグ			材料を切る＆すりおろす		ハンバーグを作って焼く
START					GOAL
フレンチマリネサラダ	野菜を切って塩麹をあえる		15分置く間に…	サラダを仕上げ冷蔵庫に	

マルゲリータハンバーグ
〜ペンネと共に〜

材料(4人分)

麹代用可能

【ハンバーグ】

A		
	合挽肉	500g
	卵	1個
	玉ねぎ(すりおろす)	1/2個(120g)
	塩麹	大さじ1と1/2
	(塩小さじ2/3程度で代用可能)	
	米粉	大さじ3

【ソース】

B		
	玉ねぎ(すりおろす)	1/2個
	にんにく(すりおろす)	1片

C		
	トマトピューレ(2倍濃縮)	200ml
	(トマト缶400gで代用可能。その場合水は不要)	
	塩麹	大さじ1と1/2
	(塩小さじ2/3程度またはコンソメ大さじ1程度で代用可能)	
	水	100ml

モッツァレラチーズ(4枚に切る)	100g
バジルの葉(ざっくりとちぎる)	20〜30枚
オリーブオイル	小さじ1×2
エリンギ(食べやすい大きさに切る)	2本
ペンネ	120〜160g
ペンネを茹でる水	1.5ℓ
ペンネを茹でる塩	大さじ1/2

Cはあらかじめ混ぜておかずにフライパンの中でさっと混ぜるだけでもOK

③

⑤

使っているのは

**アルチェネロ
トマトピューレ(200g)**

酸味が穏やかで、程よい濃厚さ。ペンネも、アルチェネロの有機グルテンフリーペンネを使っています。

作り方

① フライパンにオリーブオイル小さじ1を熱し、エリンギを焼いていったんとり出す。

② ボウルに**A**を合わせて手早くよくこねる。4等分にして、手のひらに打ち付けて空気を抜きながら成形する。①のフライパンにオリーブオイルを小さじ1追加して熱し、片面を焼く。焼き色がついたらひっくり返す。フライパンに出た脂をふきとる。

MEMO 煮込んでいる間にも肉汁が出るので、トマトソースが脂っぽくならないようにさっとふきとる。

③ フライパンの隙間に**B**を入れて1〜2分優しく炒めたら、**C**を入れて煮立つまで優しく炒める。

④ 蓋をして弱〜弱中火で7分蒸し焼きにしたら火を止め、そのまま5分余熱で放置する。その間にペンネを茹でる。

⑤ ハンバーグにモッツァレラチーズをのせて、再び蓋をしてモッツァレラチーズが好みの溶け具合になるまで2分ほど放置する。

⑥ バジルを追加して混ぜたら、器にソースを半量よそい、茹でたペンネとエリンギを真ん中に盛り付け、ハンバーグをのせる。残りのソースをかける。

塩麹炊き込みごはんの
レシピはP33をチェック!

パインと人参の
アーモンドラペのレシピは
P43をチェック!

3品
献立の
手順

ワイルド
ロールキャベツ

作って煮込む

煮込んで
いる間に…

START ────────────────────→ GOAL

塩麹ごはん

炊く

炊いている
間に…

ラペを作って
冷やす

パインと人参の
アーモンドラペ

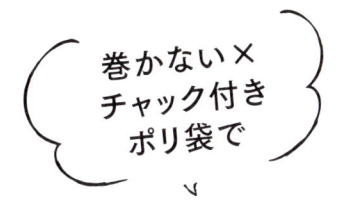

巻かない×
チャック付き
ポリ袋で

お手軽ロールキャベツの3品献立

ロールキャベツ作りの手間はグーンと減るのに、味と見た目は超絶品！
ごはんを炊いている間にできあがる最高なメニューです。
副菜はP59の人参ときゅうりのさっぱりあえもおすすめです。

ワイルドロールキャベツ

材料(4人分)　麹代用可能

【ロールキャベツ】

A	豚ひき肉	300g
	卵	1個
	玉ねぎ(みじん切り)	1/2個
	人参(みじん切り)	1/2本
	塩麹	大さじ1と1/2
	(塩小さじ2/3程度で代用可能)	
	米粉	大さじ2

キャベツ	1/2個
ぶなしめじ	1株

【煮汁】

B	塩麹	大さじ2
	(塩小さじ1程度またはコンソメ大さじ1強程度で代用可能)	
	トマトケチャップ	大さじ4と1/2
	水	600㎖

お好みで黒コショウや粉チーズ	適量

作り方

① 大きめのポリ袋に、Aを合わせてよくこねる。

② キャベツの芯を三角に切り落とし、数枚ずつ3つに分けたら、真ん中のキャベツに①の肉だねの約1/3を入れる。

③ 残りの肉だねを一番外側のキャベツに広げ入れ、②のキャベツをギュッと押し付けて重ねる。（次ページの写真参照）

④ 20～22㎝の鍋に③を肉だねが下になるように入れて、Bを混ぜて入れる。ぶなしめじと、残りのキャベツをちぎって隙間に入れたら、蓋をして火にかける。煮立ったら弱～弱中火にして、キャベツがやわらかくなるまで30分程度煮込む。

⑤ 切り分けて煮汁と共に器に盛り付け、お好みで黒コショウや粉チーズをふる。

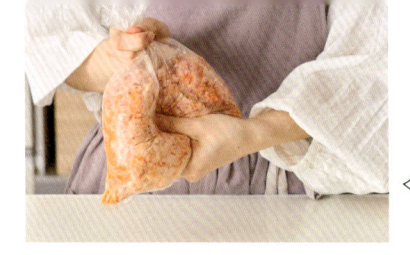

もちろんボウルで
こねても◎

こ〜んなにワイルドに作っても味はしっかりお店級

ギュ〜ッと押し付けて
形を整える

蓋がキャベツに触れる場合は、
その部分に火が通りにくいので
時々煮汁をかけてギュッと押して

鍋の中で半分に切ったら
フライ返し等でまな板に移して
さらに半分に切り分けると◎

塩麹炊き込みごはん

白米を炊くのと変わらない手軽さで炊けます。メインが優しい味付けのときにもおすすめです。
コーンや冷凍グリンピース、むき甘栗などでもおいしいです。

塩麹 醬油麹 甘麹 コンソメ麹 中華麹 めんつゆ麹

材料（4人分）

（麹代用可能）

白米 ………………………………… 2合
塩麹 ………………………………… 大さじ2
（塩小さじ1程度で代用可能）
冷凍むき枝豆 ……………………… 100g

作り方

① 炊飯釜にといだ白米と塩麹を入れて、いつも通りの
　目盛りまで水を入れて混ぜる。
② 冷凍むき枝豆を広げて入れて、混ぜずに炊飯する。

罪悪感なしの
唐揚げ3品献立

塩麹に漬けた唐揚げはやわらかジューシーで
旨みたっぷり！ 脂肪の吸収を抑制する食物繊維の
豊富な食材と、消化を助ける酵素もとれる生野菜との
組み合わせで、バランスはばっちりです。
汁物はP96のいろいろ野菜の中華スープもおすすめ。

青のり塩麹唐揚げ

材料（4人分）

鶏もも肉（一口大に切る）	……………	600g

	塩麹	……………	大さじ3
A	ごま油	……………	大さじ1/2

肉にAをもみ込み漬けておく

青のり	……………	大さじ1強
片栗粉	……………	大さじ9〜10（90〜100g）
揚げ油	……………	適量

作り方

① 鶏肉にAをもみ込み、30分〜1時間程度漬け
　る（一晩おいてもOK）。
② ①に青のりと片栗粉をしっかりとまぶす。
③ フライパンに3cm程度の高さまで揚げ油を入
　れて180℃に熱し、②をきつね色になるまで揚
　げ焼きする。

> これだけでも十分おいしいですが、お好みでAに、すりおろしたにんにく1片分、
> すりおろしたしょうが小さじ1を加えても、パンチが出ておいしいです。

やみつき
塩麹ドレッシングの
レシピはP123を
チェック!

やみつき
塩麹ドレッシングの
わかめサラダ

サニーレタス3〜4枚（食べやすい大きさにちぎる）
とカットわかめ40g、ミニトマト4〜6個（半
分に切る）を器に盛り付け、ドレッシングをかけ
る。

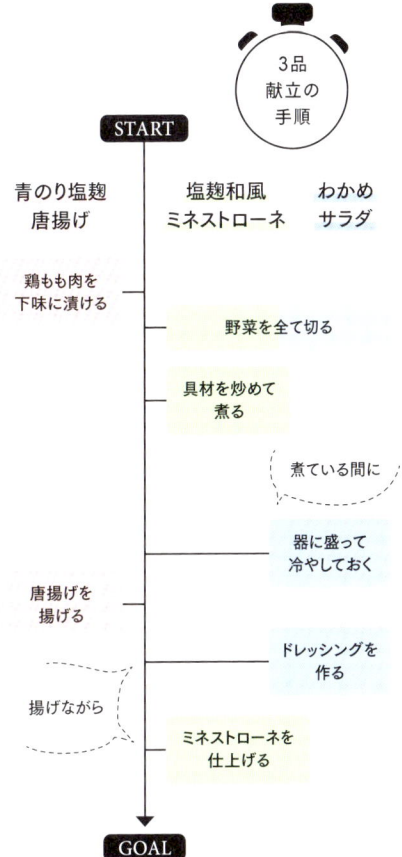

3品献立の手順

START

青のり塩麹唐揚げ／塩麹和風ミネストローネ／わかめサラダ

- 鶏もも肉を下味に漬ける
- 野菜を全て切る
- 具材を炒めて煮る
- 煮ている間に
- 器に盛って冷やしておく
- 唐揚げを揚げる
- ドレッシングを作る
- 揚げながら
- ミネストローネを仕上げる

GOAL

塩麹和風ミネストローネ

材料（4人分）

A	人参（小さめの角切り）	1/2本
	冷凍ささがきごぼう	大さじ山盛り3
	長ねぎ（縦半分に切って輪切り）	1/2本
	じゃがいも（角切り）	2個
B	塩分無添加のだしパック	1袋
	水	500mℓ

（あらかじめとっておいただしでもOK）

C	コーン	50g
	ミニトマト（半分に切る）	8個
	ミックスビーンズ	100g程度
	塩麹	大さじ2

しょうがスライス	1枚
オリーブオイル	小さじ2

作り方

① 鍋にオリーブオイルとしょうがを熱し、Aを入れて1〜2分炒める。

② Bを入れて蓋をして熱し、煮立ったら弱火で1〜2分煮出してからだしパックをとり出す。Cを加えて蓋をして弱火で10分ほど煮る。

> 冷凍ささがきごぼうは生のごぼうの輪切りでも良いし、椎茸やぶなしめじでもおいしい。

簡単×絶品×
おしゃれな

ほったらかし
2品献立

食べた人みんなが大絶賛。味付けは塩麹だけですが、
塩麹と食材の旨みでびっくりするほどおいしいおしゃれな2品です。
ごはんはP73やP113の炊き込みごはんに変えても良いし、
P30のごはんと副菜と組み合わせても合います。

豚肉とさつまいもの
レモン煮込み

材料（4人分）

豚ロースとんかつ用(1枚120g前後)	……	4枚
塩麹	……	大さじ2と1/2

肉に塩麹をぬって漬けておく

A	玉ねぎ(半分の長さで繊維を断つ向きで5mm幅に切る)	……	1/2個
	さつまいも(角切り)	……	1本(240g程度)
B	ミックスビーンズ	……	100g程度
	水	……	200ml
米粉(薄力粉や片栗粉で代用OK)	……	小さじ2
レモン(輪切り)	……	1個
オリーブオイル	……	大さじ1

作り方

① 豚肉に塩麹をまんべんなくぬり、30分〜1時間程度漬けてから（一晩おいてもOK）、塩麹をぬぐい米粉をまぶす（ぬぐった塩麹はとっておく）。

② フライパンにオリーブオイルを熱し、①の豚肉を両面焼き色がつくまで焼き、一度とり出す。

③ 同じフライパンにAを入れて、玉ねぎが透き通るまで3分ほど炒め、①でぬぐった塩麹も入れて炒める。

④ Bを入れて混ぜ、①の豚肉をのせる。レモンを広げ入れて蓋をして熱し、煮立ったら弱火〜弱中火で15分煮込む。

塩麹の洋風炊き込みごはん

材料（4人分）

（麹代用可能）

白米	……	2合

A	人参(できるだけ細かいみじん切り)	……	1/2本
	マッシュルーム(薄切り)	……	6〜8個
	ツナ缶(水気をきる)	……	1缶
	ミニトマト(半分に切る)	……	6個

塩麹	……	大さじ2

（塩小さじ1程度で代用可能）

バター	……	10g
お好みで黒コショウ	……	適量

作り方

① 炊飯釜にといだ白米と塩麹を入れて、いつも通りの目盛りまで水を入れて混ぜる。

② Aを上から順に広げて入れて、混ぜずに炊飯する。

③ 炊けたらバターを入れて混ぜる。お好みで黒コショウをふる。

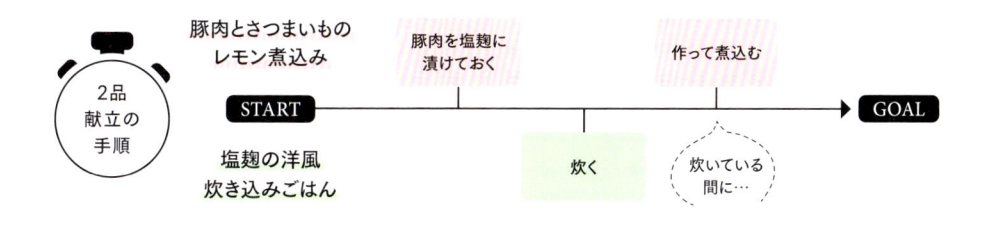

2品献立の手順

豚肉とさつまいもの
レモン煮込み

豚肉を塩麹に漬けておく

作って煮込む

START ──────────── GOAL

塩麹の洋風
炊き込みごはん

炊く

炊いている間に…

ここはインド
ですか!?

香りからおいしい
簡単2品献立

米粉パン粉のサクサク食感とカレー味で、
野菜でごはんが進むプレートがメインの献立です。
汁物はP86の落とし卵のコンソメスープもおすすめ。

めかじきと野菜の
カレーオーブン焼き

材料（4人分）

めかじき		4枚（320g）
A	塩麹	大さじ2
	トマトケチャップ、中濃ソース、水	各小さじ2
	ターメリック、クミン、コリアンダー	各小さじ1/2
	（またはカレー粉 小さじ1強）	
	めかじきを、混ぜ合わせたAの半量に漬けておく	
B	かぼちゃ（薄切り）	4枚（80g程度）
	なす（縦4枚に切る）	1本
	アスパラガス（半分に切る）	4本
	人参（縦に4等分に切る）	1/2本
パン粉（米粉パン粉使用）		大さじ5
オリーブオイル		大さじ1

作り方

① めかじきを、混ぜ合わせたAの半量に漬けて
1時間程度おく（一晩おいてもOK）。

② 天板にオーブンシートを広げ、①のめかじき
とBを、できるだけ重ならないように並べる。
Bに残りのAをぬる（丁寧にぬらずにムラが
できるように）。

③ パン粉とオリーブオイルを混ぜ合わせて、②の野
菜にまぶす。大さじ2程度はまぶさずに残してお
き、天板の空いているところにいれる。

④ ③を、200℃に予熱したオーブンで15分ほ
ど焼く。ごはんと一緒に器に盛り付けて、③
の天板で焼いたパン粉をめかじきにかける。

> かぼちゃの代わりに、塩麹クラムチャウダーで余った
> さつまいもでもOK。舞茸やエリンギなどでもおいし
> い。辛さのあるカレー粉を使うと辛味がしっかりと出
> るので、お子様には辛さのないカレー粉か、ターメリッ
> ク、クミン、コリアンダーで作るのがおすすめ。

めかじきにパン粉をかけて
焼くとベチャッとするので
焼いてからかける

③

2品
献立の
手順

START

めかじきと野菜の
カレーオーブン焼き

塩麹
クラムチャウダー

めかじきを下味に
漬けておく

野菜を全て切る

具材を
炒めて煮る

めかじきと野菜を
オーブンで焼く

8分煮ている
間に…

焼いている
間に…

残りの材料を
入れて仕上げる

GOAL

塩麹クラムチャウダー

麹代用可能

材料（4人分）

A	人参（角切り）	1/2本
	玉ねぎ（大きめのみじん切り）	1/4個
	さつまいも（角切り）（じゃがいもでもOK）	1本（150〜200g）
	ぶなしめじ（ほぐして1〜2cmの長さに切る）	1株
B	あさり（パウチまたは冷凍）	1袋（130g程度）
	コーン	50g
	塩麹（塩小さじ1程度またはコンソメ大さじ1強程度でも代用可能）	大さじ2
バター		10g＋5g
米粉		大さじ2
水		300㎖
牛乳（無調整豆乳でもOK）		200㎖

作り方

① 鍋にバター10gを溶かし、Aを入れて2〜3分炒めたら、米粉を加えて粉っぽさがなくなるまで炒める。

② 水を入れて混ぜたら蓋をして熱し、煮立ったら弱火で8分ほど煮る。

③ Bを入れて一煮立ちしたら、牛乳とバター5gを入れて優しく混ぜながら熱し、沸騰直前で火を止める。

海老といかのバターソテー

意外に味を決めるのが難しいバターソテーも、
塩麹と醤油を組み合わせれば、バッチリおいしく仕上がります。

材料(4人分) 麹代用可能

むき海老	150g
いかの輪切り	100g
いんげん(4等分に切る)	12本
塩麹	小さじ2
（塩小さじ1/3程度で代用可能）	
バター	10g+5g
醤油	小さじ1
水	50㎖

作り方

① フライパンにいんげんと水を入れて蓋をして熱し、煮立ったら3分ほど蒸し煮する。

② フライパンの水気をふきとり、バター10gを入れる。むき海老といかを加えて両面を焼く。

③ 塩麹を入れて炒め合わせたら、バター5gを加え、フライパンのふちから醤油をまわし入れて、全体をさっと炒め合わせる。

いんげんはアスパラガスやエリンギ、ぶなしめじなどでもおいしい。

マッシュルームのトースター焼き

おつまみにはもちろん、あと一品足りないときのおかずにもピッタリです。
トースターでできるので楽チンですが、焼きすぎや、焼けた後に庫内に放置すると、
マッシュルームが縮んでしまうので気をつけて。

材料（作りやすい分量）　麹代用可能

マッシュルーム（軸を取る）…………………8個

A
ミニトマト（8等分に切る）…………………4個
塩麹…………………………………………大さじ1/2
（塩小さじ1/3程度で代用可能）
オリーブオイル………………………………大さじ1

作り方

① Aを混ぜたところに、マッシュルームを加えて
　さっとあえる。
② 耐熱容器に①のマッシュルームを裏返しにし
　て並べる。①のトマトをマッシュルームに詰
　めて、残ったソースを上からかける。
③ ②をトースターで10分ほど焼く。

塩麹で作る4種の

浅漬け風 きゅうり白菜 （麹代用可能）

きゅうり1本（ななめ切り）、白菜1枚（小さめのざく切り）、人参1/2本（細切り）を塩麹 大さじ1（塩小さじ1/2程度で代用可能）とあえる。お好みで切り昆布を加えてもおいしい。

フレンチ マリネサラダ （麹代用可能）

きゅうり1本（細切り）、キャベツ1/8個（千切り）、人参1/2本（細切り）、塩麹大さじ1と1/2（塩小さじ2/3程度で代用可能）をあえて15分ほどおき、出てきた水気を軽く絞る。コーン50ｇ、オリーブオイル大さじ1、りんご酢大さじ1/2を加えてあえる。

あえるだけ副菜

（麹代用可能）

グリーン野菜と
チーズのマリネ

冷凍むき枝豆40ｇ（約大さじ3）（さっと茹でて解凍する）、アスパラガス4～5本（塩茹でして1～2㎝の輪切り）、きゅうり1本（1㎝角の角切り）、ミニモッツァレラチーズ100ｇ程度（半分に切る）に、塩麹、オリーブオイル各大さじ1強（塩麹は塩小さじ2/3程度で代用可能）、りんご酢小さじ1/2をよく混ぜてからあえる。

（麹代用可能）

パインと人参の
アーモンドラペ

カットパイナップル6個（食べやすい大きさに切る）、人参1本（細切り）、アーモンド10粒（きざむ）に、塩麹、オリーブオイル各小さじ2（塩麹は塩小さじ1/3程度で代用可能）、りんご酢小さじ1、はちみつ小さじ1/2をよく混ぜてからあえる。

醤油麹の作り方／基本の使い方

保存容器は煮沸やアルコールスプレー等で消毒したものを使ってください。
かき混ぜるスプーンやその他の道具は、清潔なものであれば消毒はしなくてもOK！炊飯器でも作れます（P14、15参照）。

材料

【できあがり量約300㎖】

生米麹……………………200g
醤油………………………200㎖（230g）

または…

【できあがり量約350㎖】

乾燥米麹…………………150g
水……………………………60㎖（60g）
醤油………………………210㎖（240g）

基本の使い方

醤油の**同量〜1.5倍**を
目安に置き換える

【漬ける】
肉や魚**100〜200g**を
醤油麹**大さじ1**に漬けて焼く

【あえる】
野菜**200g**に
醤油麹**大さじ1**をあえる

❶ 米麹・水・醤油をよく混ぜる

＼ 蓋は少し開けておく ／

保存容器に米麹と水を入れて混ぜてから、醤油も加えてまんべんなく混ぜ、密閉せずに蓋をする。生米麹の場合は水はなし。麹が固まっている場合は清潔な手でほぐしてから使う。

醤油麹は、乾燥米麹を使って常温発酵させると、米麹の芯が残りやすいので、生米麹にもどしてから作るのがおすすめ！

チャック付きポリ袋は
時々ひっくり返すと
ムラなく吸水する

チャック付きポリ袋に乾燥米麹と水を入れてなじませ、1〜2時間置いてから醤油を入れると、芯までやわらかくなりやすい。

「料理に使うのはもちろん、つけたりかけたり、いつもの醤油と置き換えるだけでOK。
麹の旨みと甘みでコクが増した、まろやかな味わいです。料理の味付けに困ったら、醤油麹と
あえたり炒めたりすればおいしく食べられるので、麹料理が初めての方にもおすすめです。」

❷ 常温または55〜60℃で発酵させる

【常温発酵の場合】
直射日光の当たらない室内で1〜2週間を目安に
発酵させる。 1日1回清潔なスプーンやヘラでか
き混ぜる（カビないように、容器の内側の側面や
ふちについた醤油麹を、ヘラ等でぬぐうと良い）。

【55〜60℃発酵の場合】
ヨーグルトメーカーやオーブンの発酵機能で55
〜60℃で6〜8時間発酵させる。 発酵開始1時
間半〜2時間後に1回かき混ぜて、その後はでき
れば2〜3時間おきにかき混ぜるのがおすすめ。

1日1回かき混ぜる

> 使用する米麹により、水分量が変わる。
> 水分が足りないと発酵がうまくいかないので、必要に応じて醤油を足して。

様子を見ながら水を追加　△

水を足さなくてOK　○

常温発酵の場合は1〜2日後、55〜60℃発酵の場
合は1時間半〜2時間後に最も水分が少なくなる。
このとき一度かき混ぜ、米麹が水分に浸かるように
上からギュッと押す。それでも米麹が醤油から顔を
出していたら、様子を見ながら醤油を足す（足す醤
油の量が多い場合のみ、味が濃くなるのを避けたい
場合は、醤油と一緒に少量の水も足して良い。水は
足した醤油の約半量までにする）。

❸ 米麹がやわらかくなったら完成

米麹がやわらかくなり、とろみがついて味が
まろやかになったら完成！ 密閉して冷蔵
保存または冷凍保存する。

(MEMO) 冷蔵後は、基本的にはかき混ぜなくて
OK。冷凍してもカチカチには凍らないので、解凍せ
ずにそのまま使える（その他の麹調味料も同様）。

冷蔵保存：約3カ月
冷凍保存：約半年

ブレンダーなどでペースト状にしてもOK

絶品煮豚の2品献立

作業時間がとっても短い。けれど、野菜がたっぷりとれる絶品煮豚の献立です。
煮込みすぎるとパサつきがちな煮豚も、塩麹の酵素パワーと、蒸し煮風仕上げで
しっとり・ほろっと仕上がります。醤油麹だけで作るタレも自信作。
副菜も食物繊維たっぷりで腸活にピッタリ！

切り干し大根の中華風
サラダのレシピはP59をチェック!

やわらか煮豚

材料（4人分）

豚肩ロース	300〜350g×2本
塩麹	大さじ1と1/2
肉に塩麹をぬって漬けておく	
レンコン（1㎝幅の輪切り）	200g
長ねぎ（4等分に切る）	1本
アスパラガス	4本
（省くまたはいんげんで代用してもOK）	
にんにく（半分に切って芯をとる）	1片
しょうがスライス	1枚
醤油麹	大さじ3
水	400㎖
油	小さじ2

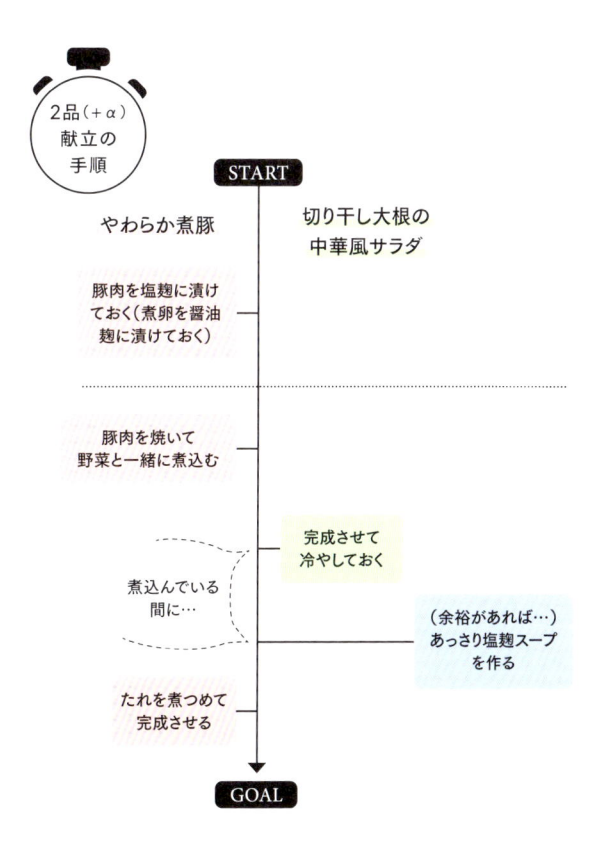

2品（+α）
献立の
手順

START

やわらか煮豚　　　切り干し大根の
　　　　　　　　　中華風サラダ

豚肉を塩麹に漬け
ておく（煮卵を醤油
麹に漬けておく）

豚肉を焼いて
野菜と一緒に煮込む

完成させて
冷やしておく

煮込んでいる
間に…

（余裕があれば…）
あっさり塩麹スープ
を作る

たれを煮つめて
完成させる

GOAL

塩麹　醤油麹　甘麹　コンソメ麹　中華麹　めんつゆ麹

基本的にほったらかしだから

作り方

① 豚肉に塩麹をまんべんなくぬり、1時間以上漬ける（一晩おいてもOK）。

② 鍋に油、にんにく、しょうがを入れて熱し、塩麹をぬぐった豚肉を入れて、全面焼き色がつくまで焼いて一度とり出す（ぬぐった塩麹は使わない。おまけのあっさり塩麹スープに使っても良い）。

③ 長ねぎ（青い部分も）、レンコン、水を入れ、②の豚肉をのせて蓋をして熱する。煮立ったら弱火にして40分煮込み、豚肉をひっくり返してさらに40分同様に煮込む（蓋をずらすな

どして、沸騰させすぎないように）。最後の5分でアスパラガスも入れる。

④ 全ての具材を一度とり出し、表面に浮いている油と、細かい肉の破片等をとり除く。

⑤ 醤油麹を入れて熱し、煮立ったら肉を戻し入れる。煮汁をかけながら弱中火〜中火で3〜4分煮詰めたらひっくり返して、さらに3〜4分ほど煮詰める。

⑥ 肉を切り分けて野菜と一緒に盛り付け、煮汁をお好みの濃さまで煮詰めてかける。

思ってる以上にラクなんです。

醤油麹で漬けた煮卵
をのせてもおいしい!

鍋にたっぷりの水を入れて沸かし、冷蔵庫から出してすぐの卵4個をゆっくりと入れる。沸騰したお湯で6分茹でて冷水にとり冷やす（最初の1分ほどは、卵を優しく転がしながら茹でると黄身が真ん中になる）。殻をむいた卵と醤油麹大さじ2をチャック付きポリ袋に入れてなじませ、一晩漬ける。

+α MENU
おまけのあっさり塩麹スープ

余裕があれば、副菜で残った人参1/2本(細切り)、コーン適量、水500㎖、塩麹大さじ1と1/2を数分煮るだけのスープを添えても。お好みで煮豚の煮汁からとり除いた表面の脂小さじ1ほどを加えてもコクが増すのでおすすめ。冷蔵庫にある野菜をプラスしてもおいしい。

チキンソテーの2品献立

鶏肉を焼きながら野菜も同時に焼いて、
同時進行でスープも作れるので、あっという間に完成。
メインで残った食材をスープで使い切るのも嬉しいポイントです！
汁物はP81の基本のコンソメスープもおすすめ。

2品献立の手順

オニオンソースの
パリパリ
チキンソテー

START

野菜を全て切る → 鶏肉に下処理をして焼く → 5分ほど焼いている間に… → 玉ねぎをすりおろす → かぶとパプリカも順に加えて焼く → 焼きながら… → オニオンソースを作って完成させる → GOAL

ブロッコリーと
えのきの
和洋風スープ

具材を炒めて煮る → 煮ている間に… → 残りの材料を加えて仕上げる

鶏肉はフライパンが温まりきる前に焼き始め、焼き縮みを最小限に

パリッとさせるために、余分な脂や水分をふいてから押し焼きする

オニオンソースの
パリパリチキンソテー

材料（4人分）　麹代用可能

鶏もも肉	2枚（600g）
玉ねぎ（すりおろす）	1/2個
本みりん	大さじ3
醤油麹	大さじ3
（醤油大さじ2と1/2程度で代用可能）	
りんご酢	大さじ1
水	大さじ4
オリーブオイル	小さじ2
岩塩	適量
かぶ（くし形切り）	1〜2個
パプリカ（細切り）	1/2個

> かぶの葉は、細かく切ってスープに加えても良い。P42の浅漬け風きゅうり白菜に加えるのもおすすめ。焼き野菜は、なすやズッキーニ、レンコン、アスパラガスなどでもおいしい。

作り方

① 鶏肉は皮と身の間の脂肪をとり除き、厚い部分に包丁を入れて均等な厚さにする。皮にフォークで数か所穴をあけ、キッチンペーパーで水気をおさえて、両面に岩塩をふる。

② フライパンにオリーブオイルを入れて熱し、フライパンが温まりきる前に、①の鶏肉の皮を広げて、皮を下にして入れる。鶏肉の上にクッキングシートを広げ、鍋等で重しをして5分焼く。

> MEMO　鶏肉から出た脂はスープに入れてもおいしい。

③ 重しを外して、余分な脂を軽くふきとる。フライパンのあいたところにかぶを入れて同時に焼きながら、鶏肉を時々押し付けてさらに5分ほど焼く。焼き色がしっかりとついたらひっくり返す。かぶをとり出してパプリカも一緒に焼く。4〜5分焼いて全てとり出す。

④ そのままのフライパンに玉ねぎを入れて、弱中火で2分ほど炒める。本みりんを加えて煮立たせてアルコールを飛ばし、醤油麹、りんご酢、水も加え一煮立ちさせる。

⑤ 鶏肉をそれぞれ半分に切る。④のソースを下にしき、かぶ、パプリカと一緒に盛り付ける。

ブロッコリーと
えのきの
和洋風スープ

作り方

① 鍋にオリーブオイルとにんにくを熱し、Aを入れて炒める。

② 水を入れて蓋をして熱し、煮立ったら弱火で3分ほど煮る。

③ Bを入れて、ブロッコリーがやわらかくなるまで煮る。

材料（4人分）　麹代用可能

A	玉ねぎ（半分の長さで繊維を断つ向きで切る）	1/2個
	えのきだけ（2〜3cmの長さに切る）	1/2株
	パプリカ（食べやすい長さの細切り）	1/2個
B	ブロッコリー（小さめの小房に分ける）	1株
	塩麹	大さじ2
	（塩小さじ1程度で代用可能）	
	醤油麹	大さじ1
	（醤油小さじ2程度で代用可能）	

※塩麹と醤油麹の代わりにコンソメ麹大さじ3を入れてコンソメスープにしてもOK。

にんにく（薄切り）	1片
水	600ml
オリーブオイル	小さじ2

食欲そそる♪

絶妙な酸味の2品献立

甘酢味の組み合わせで、食欲がないときでもおいしく食べられるメニュー。
野菜たっぷりで栄養満点の満足度の高い2品です!

オニオン和風
ドレッシングのサラダ

オニオン和風ドレッシングの
レシピはP122をチェック!

かぼちゃスライス4枚(約120g)(ひと口大に切る)、ブロッコリー1株(小さめの小房に分ける)を一緒に3〜4分蒸す。
レタス4〜5枚(ひと口大にちぎる)とミニトマト8個(半分に切る)と一緒に盛り付け、ドレッシングをかける。

タラとレンコンの甘酢炒め

麹代用可能

材料(4人分)

タラの切り身(4等分にそぎ切り)	…………	4枚(320g)
レンコン(半月切りにして水にさらす)	………	150g
舞茸(ほぐす)	………………	1株
ピーマン(乱切り)	…………	2個

A
醤油麹 …………… 大さじ3
（醤油大さじ2程度で代用可能）
甘麹 …………… 大さじ3
（砂糖またははちみつ大さじ1〜大さじ1と1/2程度で代用可能）
水 …………… 大さじ3
本みりん …………… 大さじ3
りんご酢 …………… 大さじ1と1/2

塩、片栗粉、油 ………………… 適量

作り方

① タラに塩をふって10分ほどおいてから、出てきた水気をふきとり、片栗粉大さじ2をまぶす。フライパンに油を全面に行き渡る程度入れて熱し、タラを入れて両面揚げ焼きして一度とり出す。

② 同じフライパンに必要に応じて油を足す。水気をふきとったレンコンに片栗粉大さじ1と1/2をまぶして、両面揚げ焼きして一度とり出す。残った油で舞茸とピーマンを焼いてとり出す。

③ フライパンの油をふきとり、Aの本みりんとりんご酢を入れてひと煮立ちさせる。残りのAを入れて軽く煮詰め、具材を戻し入れて全体を炒め合わせる。

舞茸やピーマンは、副菜で残ったかぼちゃや人参などで代用してもおいしい。

2品献立の手順

START

タラとレンコンの甘酢炒め｜オニオン和風ドレッシングのサラダ

野菜を全て切る

タラに塩をふって10分おく

10分おく間に… → かぼちゃとブロッコリーを蒸す

タラと野菜を順に揚げ焼きする

揚げ焼きしながら… → ドレッシングを作り完成させる

甘酢ダレを炒め合わせて完成させる

GOAL

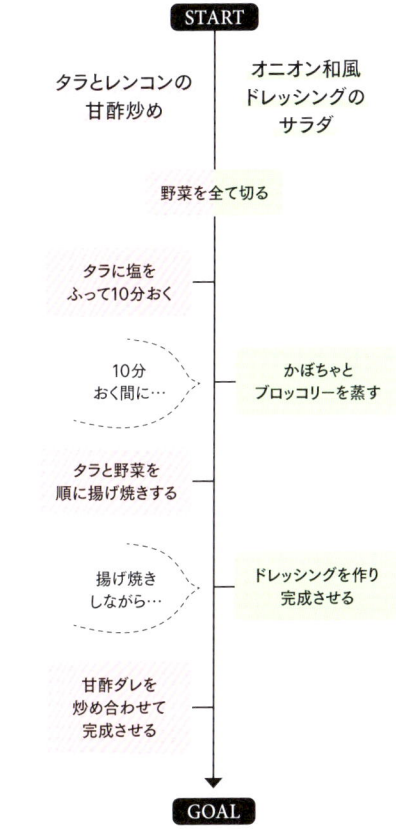

しっかりめに揚げ焼きしてカリッとさせて

ベチャッとしないようにさっとからめる

人参ときゅうりの
さっぱりあえのレシピは
P59をチェック!

お砂糖なしでも
とびっきりおいしい

親子丼定食風3品献立

おいしさの秘密は、醤油麹に漬けた旨みたっぷりの柔らか鶏もも肉と、
玉ねぎと人参と醤油麹の甘みと旨みが滲み出た煮汁。だしパックを
汁物にも使い回して、野菜もメインと副菜で使い切れるムダのないメニューです。
副菜はP42の浅漬け風きゅうり白菜もおすすめです。

3品
献立の
手順

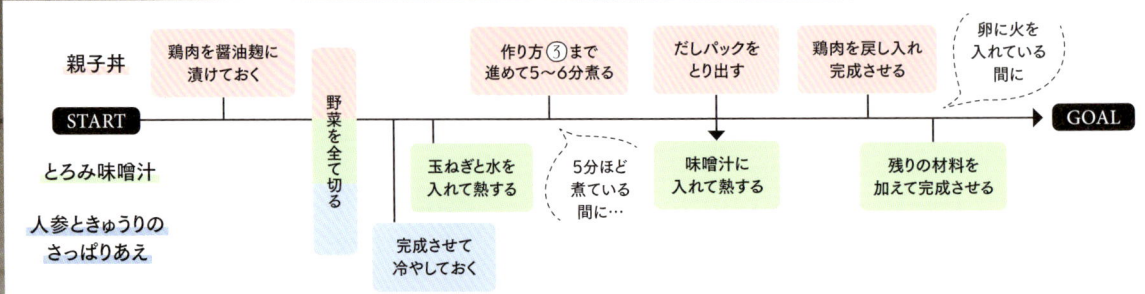

親子丼

| START | 鶏肉を醤油麹に漬けておく | 野菜を全て切る | 作り方③まで進めて5〜6分煮る | 5分ほど煮ている間に… | だしパックをとり出す | 鶏肉を戻し入れ完成させる | 卵に火を入れている間に | GOAL |

とろみ味噌汁

玉ねぎと水を入れて熱する　味噌汁に入れて熱する　残りの材料を加えて完成させる

**人参ときゅうりの
さっぱりあえ**

完成させて冷やしておく

人参入り親子丼

塩麹

醤油麹

甘麹

コンソメ麹

中華麹

めんつゆ麹

麹代用可能

材料（4人分）

鶏もも肉（一口大に切る）……………1枚（300〜350g）
醤油麹……………………………大さじ2
肉に醤油麹をもみ込み漬けておく
（岩塩少々と醤油大さじ1程度で代用可能）

A
玉ねぎ（薄切り）……………………1/2個
人参（細切り）………………………1/3本

卵（溶いておく）………………………6個
本みりん……………………………大さじ4
醤油麹………………………………大さじ4
（醤油大さじ3程度と砂糖またははちみつ小さじ2程度で代用可能）

B
塩分無添加のだしパック……1袋
水…………………………………200㎖

ごま油………………………………小さじ2
ごはん………………………………お茶碗4杯分

作り方

① 鶏もも肉に醤油麹をもみ込み30分程度漬けておく（一晩おいてもOK）。

② フライパンにごま油を入れて熱し、①の鶏もも肉を皮を下にして入れて焼く。しっかり焼き色がついたらひっくり返し、さっと焼いて一度とり出す。

③ ②のフライパンにAを入れてさっと炒め、本みりんを加え煮立たせる。Bを入れて蓋をして熱し、煮立ったら弱火で5〜6分ほど煮る。

④ だしパックをとり出し（とり出しただしパックは副菜の汁物で使用する）、醤油麹も加える。②の鶏肉を戻し入れたら、蓋をせず中火で3分ほど煮る。

⑤ 卵の3/4量をまわし入れて熱する。卵が固まってきたら、残りの卵をまわし入れて一呼吸置いてから火を止める。余熱で好みの具合まで卵に火が通るのを待ち、ごはんにのせる。

だしパック再利用の
とろみ味噌汁

材料（4人分）

玉ねぎ（半分の長さで繊維を断つ向きで薄切り）……1/2個
オクラ（輪切り）………………………8本
なめこ………………………………1袋
味噌…………………………………大さじ3
親子丼からとり除いただしパック…………1袋
水……………………………………600㎖

作り方

① 小鍋に玉ねぎと水を入れて蓋をして火をつける。煮立ったら弱火で5分ほど熱し火を止めておく。

② 親子丼からとり除いただしパックを入れ、再び3分ほど煮立たせる。だしパックをとり出してオクラ、なめこを入れて2分煮て、味噌を溶かし入れる。

だしパックは
お味噌汁で再利用

鶏肉は固くならないように
このタイミングで戻し入れる

3色ナムルのレシピは
P60をチェック!

1品も頑張らない？

食材使い切り3品献立

炊き込みビビンバで残った野菜と、入れるだけの食材であっという間にできる
副菜2品を組み合わせた簡単な献立。こんな日があってもいいじゃない！

炊き込みビビンパ

材料（4人分） 〔麹代用可能〕

白米	2合
合挽肉	100g
醤油麹	大さじ1

（醤油大さじ2/3程度で代用可能）
挽肉に醤油麹をざっくりと混ぜておく

A	人参（細切り）	1/3本
	豆もやし	80g
	小松菜（ざく切り）	1束
B	味噌、醤油麹、本みりん	各大さじ1

（醤油麹は醤油大さじ1程度で代用可能）

ごま油	小さじ1
お好みでキムチ、岩塩、白いりごま	適量

作り方

① 合挽肉に醤油麹をざっくりと混ぜ、その他の準備をしている間だけ常温でおく。

② 炊飯釜にといだ白米を入れて、混ぜ合わせたBを入れていつも通りの目盛りまで水を入れて混ぜる。

③ Aを広げてのせ、その上に①の合挽肉をほぐしてのせて炊飯する。炊けたらごま油をまわし入れて、お好みで岩塩を混ぜ込み、キムチを添えて白いりごまをかける。

めかぶと豆腐の あっさりかき玉スープ

材料（4人分） 〔麹代用可能〕

卵（溶いておく）	2個

A	絹ごし豆腐（スプーンですくい入れる）	300g
	めかぶ（刻んであるパックのもの・味なし）	80g程度
	醤油麹	大さじ2

（醤油少なめ大さじ2程度で代用可能）

	塩麹	大さじ1

（塩小さじ1/2程度で代用可能）

	本みりん	大さじ1

塩分無添加のだしパック	1袋
水	600㎖

作り方

① 鍋に水とだしパックを入れて蓋をして熱し、煮立ったら弱火で3分煮て、だしパックをとり出す。

② Aを入れて一煮立ちさせたら、溶き卵をまわし入れる。

> めかぶの代わりに、ビビンパで余った小松菜で代用してもおいしい。

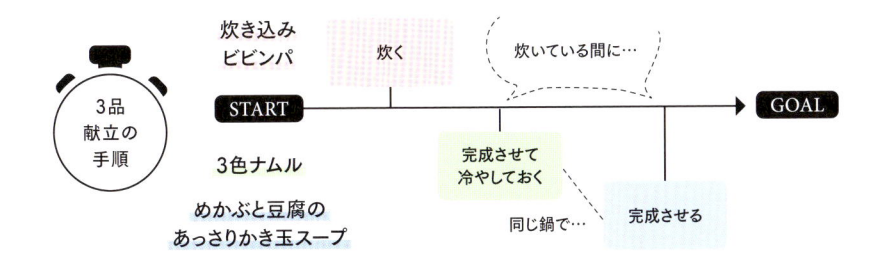

醤油麹そぼろパスタ

材料（4人分） （麹代用可能）

パスタ（スパゲッティ）	400g
合挽肉（豚ひき肉でもOK）	200g
舞茸（ほぐす）	1株
長ねぎ（みじん切り）	1/2本
コーン	50g
にんにく（みじん切りまたはすりおろす）	3片
醤油麹	大さじ3
（醤油大さじ2～3程度で代用可能）	
バター	20g
ごま油	小さじ2

お好みで温泉卵、黒コショウ、醤油麹 適量
パスタを茹でる用の水3ℓと塩大さじ1と1/2

作り方

① パスタを茹でる用の大きな鍋に水3ℓ、塩大さじ1と1/2を入れて混ぜ、蓋をして火にかけておく。沸騰したら、②の途中でパスタを茹で始め、表示時間より1分短く茹でる。

② フライパンにごま油とにんにく、長ねぎを入れて熱し、香りが立ったら合挽肉と舞茸を入れて炒め、醤油麹を加えて炒め合わせる。

③ パスタの茹で汁お玉8杯分、バター、コーン、茹でたパスタを加えて、パスタに煮汁を吸わせるように全体を炒め合わせる。

④ 器に汁ごと盛り付けて、お好みで温泉卵をのせ、黒コショウをかける。お好みで醤油麹を少量添えても良い。

使っているのは

アルチェネロ
有機グルテンフリー・
スパゲッティ

有機トウモロコシ粉と
有機米粉で作られていて
小麦を控えたい方におすすめ。

醤油麹で作る6種のあえるだけ副菜

麹代用可能

人参と
きゅうりのさっぱりあえ

人参1/2本80g（細切り）、きゅうり2本（4〜5㎜の輪切り）、**醤油麹** 大さじ1と1/2（醤油大さじ1強程度とはちみつ小さじ1/2程度で代用可能）、りんご酢、ごま油各小さじ2を混ぜ合わせて冷やす。

麹代用可能

切り干し大根の
中華風サラダ

切り干し大根60g、乾燥わかめ大さじ3（乾燥で約5g、生なら約50g）を水に10分浸してもどして水気を絞る。その間にきゅうり1本（細切り）、人参1/2本（細切り）を切る。
醤油麹（同量の醤油で代用可能）、白いりごま各大さじ3と、りんご酢、はちみつ、ごま油各大さじ1を器に入れて混ぜ、材料全てを加えて混ぜ合わせる。お好みでコーンやツナ缶をプラスしてもおいしい。（醤油麹を醤油で代用する場合は、はちみつを少し増やして）

3色ナムル

（麹代用可能）

豆もやし120ｇ、小松菜2束（ざく切り）、人参2/3本（細切り）をさっと茹でて水を切る。醤油麹大さじ2（醤油少なめ大さじ2程度で代用可能）、ごま油大さじ1、りんご酢、はちみつ、白いりごま各小さじ2を混ぜてからあえる。

油淋鶏風厚揚げ

（麹代用可能）

絹厚揚げ140ｇを食べやすい大きさに切ってトースターで5分ほど焼く。きざんだ長ねぎ1/4本、醤油麹（やや少なめ〜同量の醤油で代用可能）、水各大さじ1、ごま油、りんご酢、はちみつ各大さじ1/2を混ぜ合わせたたれをかける。

塩麹
醤油麹
甘麹
コンソメ麹
中華麹
めんつゆ麹

（麹代用可能）

さつまいもと
人参のコロコロ
きんぴら

さつまいも（約240ｇ）と人参各1本（共に角切り。人参は小さめに）をごま油小さじ2で炒める。水200㎖、醤油麹（やや少なめの醤油で代用可能）と本みりん各大さじ1と1/2を入れて、落とし蓋をして、弱中火で8分ほど煮る。

（麹代用可能） ## こんにゃくと
レンコンの炒め煮

アク抜き不要のこんにゃく260ｇ（半分に薄くスライスして、それぞれ格子状に切り込みを入れ、食べやすい大きさに切る）を、フライパンであまり触らずに3分ほど炒める。ごま油小さじ2を加え、レンコン120ｇ（いちょう切り）を炒め合わせる。本みりん大さじ1を入れてアルコールを飛ばしたら、水200㎖と醤油麹大さじ2（同量の醤油で代用可能）を入れて弱中火で煮詰める。

甘麹の作り方／基本の使い方

保存容器は煮沸やアルコールスプレー等で消毒したものを使ってください。
かき混ぜるスプーンやその他の道具は、清潔なものであれば消毒はしなくてもOK！ 炊飯器でも作れます（P14、15参照）。

ごはんなしver.

米麹と水を混ぜるだけで手軽。ごはん入りよりもスッキリとした甘さで麹の風味がひき立つ仕上がり。

材料

【できあがり量約300㎖】

生米麹‥‥‥‥‥‥‥‥‥‥‥‥‥200g
水か60℃程度のお湯‥‥‥‥‥180㎖（180g）

　　　　　または…

【できあがり量約400㎖】

乾燥米麹‥‥‥‥‥‥‥‥‥‥‥200g
水か60℃程度のお湯‥‥‥‥‥280㎖（280g）

> 生米麹の場合は麹に対し0.9倍の水、乾燥米麹の場合は1.4倍の水が分量の目安。

❶ 米麹と水をよく混ぜる

保存容器に米麹と水を入れてよく混ぜ合わせ、密閉せずに蓋をする。

❷ 60〜62℃で発酵させる

蓋は開けておく

甘さを作る酵素は60〜62℃で最も活発に働くので、ヨーグルトメーカーやオーブンの発酵機能で60〜62℃で6〜8時間発酵させる。 発酵開始1時間半〜2時間したら1回かき混ぜて、その後はできれば2〜3時間おきにかき混ぜるのがおすすめ。

基本の使い方

砂糖の**2〜3倍**を
目安に置き換える

【甘酒】

水などで**2〜3倍**に
薄めて甘酒として飲む

水、お湯などで割る。無調製豆乳、無糖のアーモンドミルク、牛乳等で割るのもデザート感覚でおいしい。栄養もプラスできるのでおすすめ。

❸ 米麹がやわらかくなったら完成

ブレンダーなどでペースト状にすると使いやすい

冷蔵保存：約2週間
冷凍保存：約1カ月

とろみがついて米麹がやわらかくなり、しっかりと甘くなったらOK！ 密閉して冷蔵保存または冷凍保存する。

『砂糖の代わりとして使ったり、薄めて甘酒として飲める甘麹。
米麹と水だけで作るものと、ごはん入りで作るものがありますが、どちらも同じように
料理に使えるので、ライフスタイルやお好みに合わせて選んでください。』

ごはんありver.

ごはんなしより少し甘く仕上がる。麹の風味が優しくなり、クセの
ない甘さに。ごはんでカサ増しができ、同じ麹の量でたっぷり作れる。

材料

【できあがり量約250㎖】
生米麹……………………100g
ごはん……………………100g
水…………………90〜100㎖（90〜100g）

または…

【できあがり量約310㎖】
乾燥米麹…………………100g
ごはん……………………130g
水…………………130㎖（130g）

❶ ごはんと水をよく混ぜる

米麹は最初に入れない

保存容器にごはんと水を入れてよく混ぜる。

❷ 米麹を加えてよく混ぜる

水分をしっかり吸水するが問題なし

❶に米麹を加えてさらにしっかり混ぜる。

❸ 60〜62℃で発酵させる

冷蔵保存：約2週間
冷凍保存：約1カ月

ごはんなしver.の作り方と同様に、途中でかき混ぜな
がら、ヨーグルトメーカーなどの発酵器で60〜62℃
で8時間発酵させて完成。

ごはんあり・なし甘麹の共通事項

❶ 発酵ムラをなくすため途中でかき混ぜて
表面を押さえる

発酵開始1時間半〜2時間で1度かき混ぜ、表面を
ぎゅっと押す。余裕があればその後も1〜2回か
き混ぜると発酵がまんべんなく進みやすくなる。

❷ 水分が足りなそうなら途中でプラスする

様子を見ながら水を追加　△
水を足さなくてOK　〇

麹の種類によっては水分が足りなくなることがあ
るので、途中で様子を見て必要に応じて水を足し
て。

063

鮭の漬けだれも
余すことなく使い切る!

レベルアップ3品鮭定食

西京漬けのあの味を、ご家庭によくある普通の味噌と、お砂糖なしで再現するために、
何度も微調整したこだわりのレシピ。甘麹の力でしっとりやわらかい鮭と、漬けだれを再利用した
コクと旨みたっぷりのお味噌汁で、いつもの焼き鮭とお味噌汁を格上げ!
副菜はP121の糸こんにゃくごぼうもおすすめです。

こんにゃくとレンコンの炒め煮の
レシピはP61をチェック!

鮭の西京焼き

材料（4人分）

生鮭の切り身	4枚
塩	小さじ1/4

鮭に塩をふって出てきた水気をふく

A	味噌	大さじ2
	甘麹	大さじ4

鮭に混ぜ合わせたAをぬって漬けておく

作り方

① 鮭に塩をふって10分ほどおいて、出てきた水気をふきとる。混ぜ合わせたAをまんべんなくぬって（皮にはぬらない）、1日漬ける。

② 漬けだれをしっかりとぬぐって（ぬぐった漬けだれはとっておく）、魚焼きグリル弱で焼く。焦げそうな場合は途中でアルミホイルをかぶせる。

> フライパンで両面蒸し焼きにしてもOK。

漬けだれ
お味噌汁

材料（4人分）

じゃがいも（半月切り）	2個
乾燥わかめ	大さじ1
玉ねぎ（薄切り）	1/2個
塩分無添加のだしパック	1袋
水	600㎖
ぬぐった漬けだれ	全量

作り方

① 鍋に漬けだれ以外の材料を全て入れて、蓋をして具材がやわらかくなるまで煮る。

② 漬けだれを入れてしっかりと沸騰させる。

> MEMO　生魚に触れていたので必ず沸騰させる。

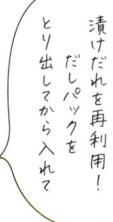

②　漬けだれを再利用！だしパックをとり出してから入れて

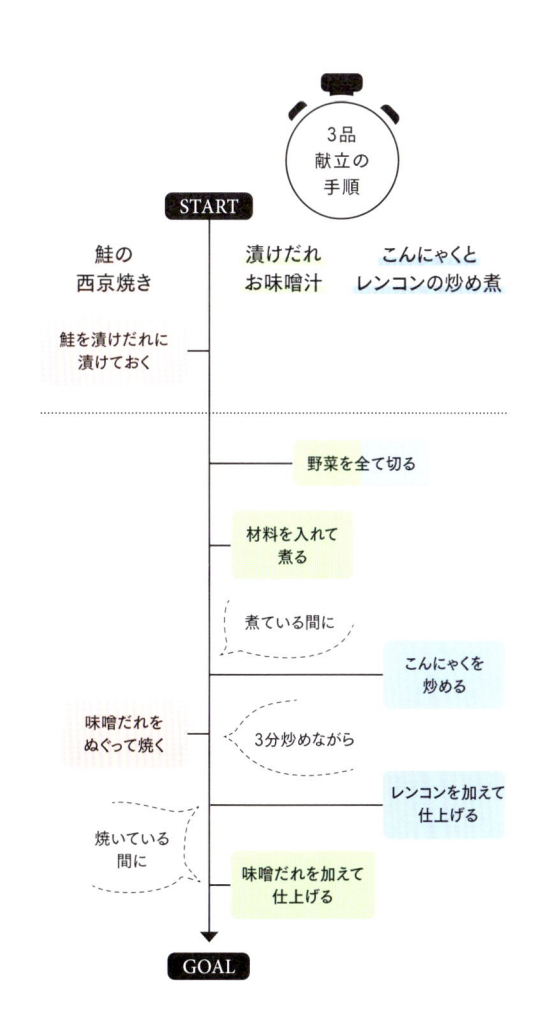

3品
献立の
手順

START

鮭の
西京焼き

漬けだれ
お味噌汁

こんにゃくと
レンコンの炒め煮

鮭を漬けだれに
漬けておく

野菜を全て切る

材料を入れて
煮る

煮ている間に

こんにゃくを
炒める

味噌だれを
ぬぐって焼く

3分炒めながら

レンコンを加えて
仕上げる

焼いている
間に

味噌だれを加えて
仕上げる

GOAL

コスパ最強
3品献立

塩麹に漬けた鶏胸肉をしっとりと茹でて、茹で汁は
まるっとスープに利用。タンパク質が少し少なめな
ので、トースターにお任せの厚揚げでプラス。低コ
ストで高クオリティな、家族みんなが喜ぶ献立です。
副菜はP106の油揚げピザもおすすめです。

棒棒鶏と
煮汁で卵スープ

材料(4人分) 麹代用可能

【棒棒鶏】

鶏胸肉	1枚(300g)
塩麹	大さじ2

皮をはがして肉に塩麹をぬって漬けておく
（塩小さじ1程度で代用可能）

トマト(半分に切って薄切り)	1個
きゅうり(細切り)	1本

A
長ねぎ(1cm幅の輪切り)	2/3本
長ねぎの青い部分	1本分
しょうがスライス	1枚
水	600㎖

【棒棒鶏のたれ】

B
甘麹	大さじ3
（砂糖またははちみつ大さじ1～1と1/2で代用可能）	
味噌または醤油麹	大さじ2
りんご酢	大さじ1/2
白すりごま	大さじ3
ごま油	大さじ1
鶏肉の煮汁	大さじ3

【卵スープ】

卵(溶いておく)	1個
乾燥わかめ	大さじ1

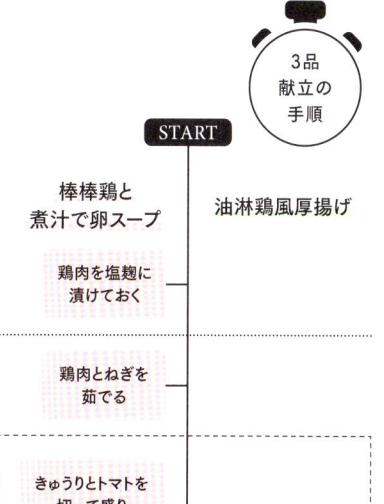

油淋鶏風厚揚げの
レシピはP60をチェック！

3品献立の手順

START

棒棒鶏と
煮汁で卵スープ　　　油淋鶏風厚揚げ

鶏肉を塩麹に
漬けておく

鶏肉とねぎを
茹でる

30分余熱でおく間に…

きゅうりとトマトを
切って盛り
つけておく

ねぎと厚揚げを
切りねぎだれを
作っておく

たれを
作っておく

卵を溶いて
スープを仕上げる

棒棒鶏が作り終わる
少し前に焼いて
完成させる

鶏胸肉をさいて
仕上げる

GOAL

塩麹

醤油麹

甘麹

コンソメ麹

中華麹　めんつゆ麹

作り方

① 鶏胸肉の皮をはがして、厚い部分を中心に
　フォークでさして穴をあけ、まんべんなく塩
　麹をぬり1時間以上漬ける（一晩おいても
　OK）。

② 鍋にＡと①の鶏胸肉、皮、塩麹も残さず入れ
　て蓋をして熱する。ふつふつしてきたら弱火
　にして1分ほど茹で、鶏胸肉をひっくり返し
　てさらに1分ほど、優しくふつふつとする火
　加減を保って茹でる。火を止めて、蓋をした
　まま余熱で30分ほどおいて中まで火を通す。

③ ②の鶏胸肉をできるだけ細くさく。器にト
　マトときゅうりを盛り付け、その上に鶏胸肉
　をのせたら、混ぜ合わせたＢをかける。

④ 茹で汁に乾燥わかめを入れて熱し、沸騰した
　ら溶き卵をまわし入れる。

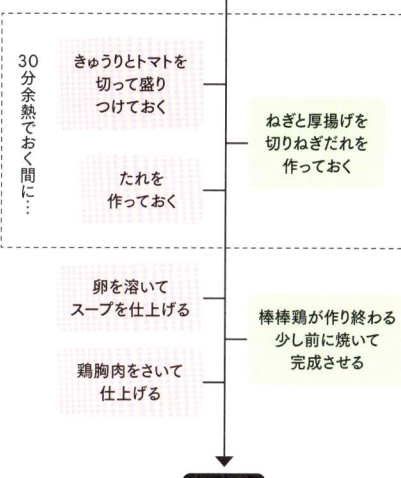

胸肉の茹で汁を
そのままスープに

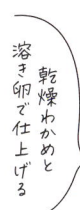

乾燥わかめと
溶き卵で仕上げる

小魚くるみ

これがあれば朝ごはんが楽しみになる、とびっきりおいしくて
健康にも良いごはんのお供♪　子どものおやつにもおすすめです。

麹代用可能

材料

片口いわし（そのまま食べられるもの）…………	30g
素焼きくるみ（食塩・油無添加）…………………	50g
本みりん、甘麹、水……………………	各大さじ4
（甘麹は砂糖またははちみつ大さじ2程度で代用可能）	
醤油 ………………………………………	大さじ1
白いりごま ………………………………	小さじ1

作り方

① フライパンを熱し、本みりんを入れて2分ほど煮詰め、甘麹を加えて30秒ほど熱する。

② 水、片口いわし、くるみを入れて優しく混ぜながら2分ほど煮詰める。醤油を加えて水気がなくなるまでさらに煮詰め、最後に白いりごまをあえる。

> 調味料をあえるだけでなく、片口いわしに水分を吸わせながら煮詰めることで、程よいやわらかさになる。

甘麹で作る2種のあえるだけ副菜

甘麹の べったら漬け

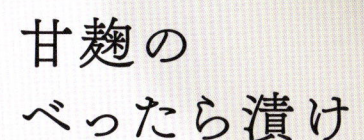

大根1/2本（いちょう切り）に塩麹大さじ6（または塩大さじ1程度）をもみ込む。重しをして常温で30分おき、水気を絞る。甘麹大さじ8、りんご酢小さじ1をもみ込み冷蔵庫で一晩おく。

麹代用可能

ささみと ほうれん草と人参の 味噌ごまあえ

鍋に500mlのお湯を沸かし塩小さじ1を加えて、ささみを入れる。再び沸騰したら火を止めて蓋をして、10分ほど余熱で火を通す。ささみをとり出しほぐす。同じお湯を再び熱して人参1/3本（細切り）を入れてさっと茹でてとり出す。鍋に水を適量追加して熱し、沸騰したお湯でほうれん草を1～2分茹でたら水にとり、水気を絞って食べやすい長さに切る。味噌大さじ1、甘麹、白すりごま各大さじ1と1/2（甘麹は砂糖やはちみつ大さじ1/2程度で代用可能）、ごま油、りんご酢各大さじ1/2を混ぜ合わせたら、ささみとあえてから、人参、ほうれん草と混ぜ合わせる。

米粉の
ケークサレ

具沢山でひと切れの満足度が高い！
おやつにも朝ごはんにもなる、
子どもたちにも大人気の一品です。

材料 （麹代用可能）

卵……………………………1個
米粉（ミズホチカラ推奨）……120g
塩麹……………………… 大さじ1/2（約10g）
　（塩小さじ1/4程度で代用可能）
甘麹……………………… 大さじ2（約40g）
　（砂糖少なめ大さじ1程度で代用可能）
ベーキングパウダー ……4g
オリーブオイル …………10g
牛乳（無調整豆乳でもOK）…30g
ウインナー（輪切り）………30g
冷凍ミックスベジタブルや
コーンや枝豆 …………50g
　解凍して水気をふいておく

作り方

① 米粉とベーキングパウダーを泡立
　て器でよく混ぜてから、残りの材料
　を混ぜ合わせる。
② クッキングシートをひいたパウン
　ド型に①を入れて、一度30cmほど
　の高さから落として空気をぬく。
　180℃に予熱したオーブンで35〜
　40分ほど焼く。焦げそうなら途中
　でアルミホイルを被せる。

使って
いるのは

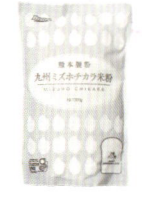

**熊本製粉
九州ミズホチカラ米粉**

このレシピには吸水率が
低くてふわっとしやすい、
ミズホチカラがおすすめ。

本気の
麹生チョコ2種

チョコも砂糖も乳製品も使わない、
腸活・美容・健康にも良い、夢のような生チョコ。
SNSでも感動の声をたくさんいただき、
夫も友人も買ってきた本物のチョコだと
騙されました（笑）。

材料（4人分）　麹代用可能

【チョコ味】

ココナッツオイル	……………………	大さじ2
A　甘麹、はちみつ	……………………	各大さじ2
（甘麹がなければはちみつを大さじ2と1/2〜大さじ3程度にする）		
ココアパウダー	……………………	大さじ4
まぶす用のココアパウダー	…………	適量

【抹茶味】

ココナッツオイル	……………………	大さじ3
A　甘麹、はちみつ	……………………	各大さじ2
（甘麹がなければはちみつを大さじ2と1/2〜大さじ3程度にする）		
牛乳	……………………	大さじ1
抹茶パウダー	……………………	小さじ2
まぶす用の抹茶パウダー	…………	適量

作り方

① ケトル等で沸かしたお湯で湯煎しながら、ココ
ナッツオイルを溶かし混ぜる。ココアパウダー
（または抹茶パウダー）を入れて混ぜてなじま
せたら、残りのAを加えてよく混ぜ合わせる。

② 保存容器にラップをしいて①を流し込み、蓋ま
たはラップをかぶせて1時間ほど冷凍してから
切り分け、まぶす用のココアパウダー（または
抹茶パウダー）をまぶす。

刻んだアーモンドを混ぜ込んでもおいしい。

覚えるだけでアレンジ広がる！ 麹の黄金比レシピ

『和風だれ』の黄金比

(塩麹1 ： 醤油麹2 ： 本みりん1)

和食の定番、だしの旨みがしっかり利いた優しい醤油ベースの付けの黄金比。
煮物、汁物、炊き込みごはん全て！ 味がバッチリ決まります。

おでん

材料（4人分）

	材料	分量
A	大根（厚さ2cmの輪切り）	1/2本
A	じゃがいも	2個
A	水	1.5ℓ
B	ゆで卵	4個
B	結び白滝	6個
B	こんにゃく（半分の厚さで三角に切る）	250g

	材料	分量
C	たこ	200g
C	餅巾着	4個
C	がんも	4個
	はんぺん（4等分に切る）	1枚（100g程度）
	塩分無添加のだしパック	2袋

【和風だれ】

材料	分量
塩麹	大さじ2と1/2
醤油麹	大さじ5
本みりん	大さじ2と1/2

【甘味噌だれ】

材料	分量
味噌、醤油麹	各大さじ2
甘麹	大さじ4

作り方

① 鍋にAを入れて蓋をして火にかける。沸騰したらだしパックを入れて数分煮出し、だしパックをとり出す。

② Bと【和風だれ】を入れて蓋をして熱し、煮立ったらアクをとる。ずらして蓋をして、弱火〜弱中火で20〜30分コトコト煮る。

③ Cを入れて同様に10分ほど煮たら、はんぺんを入れて軽く熱する。

④【甘味噌だれ】の材料を混ぜ合わせて、お好みで添える。

具沢山けんちん汁

材料（4人分）

絹厚揚げ（食べやすい大きさに切る）	……………	140g
	大根（いちょう切り） ……………	5cm幅
	人参（半月切り） ……………	1/2本
	ごぼう（輪切りにして水にさらす） ……………	1/2本
A	長ねぎ（輪切り） ……………	1/2本
	椎茸（薄切り） ……………	4枚
	アク抜き不要のこんにゃく（短冊切りまたは細切り） ……………	小1枚(130g)
塩分無添加のだしパック	……………	1袋
水	……………	600㎖
ごま油	……………	大さじ1

【和風だれ】

塩麹	……………	大さじ1
醤油麹	……………	大さじ2
本みりん	……………	大さじ1

作り方

① 鍋にごま油を熱し、Aを入れて2〜3分炒め、絹厚揚げも加えてさっと炒め合わせる。

② 水とだしパックを入れて蓋をして熱し、煮立ったら弱火で3分ほど煮て、だしパックをとり出す。

③【和風だれ】を入れて混ぜて、蓋をして弱火で15分ほど煮る。

材料（4人分）

白米	……………	2合
	冷凍ささがきごぼう ……………	大さじ3
A	冷凍カット油揚げ ……………	大さじ3
	冷凍むき枝豆 ……………	大さじ3

【和風だれ】

塩麹	……………	大さじ1
醤油麹	……………	大さじ2
本みりん	……………	大さじ1

作り方

① 炊飯釜にといだ白米と【和風だれ】を入れて、いつも通りの目盛りまで水を入れて混ぜる。

② Aを広げて入れて、混ぜずに炊飯する。

その他にも、ドライパックのひじきや、細切りの人参、鶏肉などを入れてもおいしい。

和風炊き込みごはん

『照り焼きだれ』の黄金比

(醤油麹1 ： 甘麹1 ： 本みりん1)

これを覚えておけば困らない、子どもウケ抜群の黄金比！
肉も魚も卵も、照り焼き風のタレや、甘じょっぱい煮込みまで、応用しやすい定番味です。

焼き鳥

材料（4人分）

鶏もも肉（2cm角に切る）…………2枚（600g）
岩塩……………………………………適量

【照り焼きだれ】
醤油麹、甘麹、本みりん…………各大さじ3

作り方

① くっつかないホイルの4辺を立てて器を作り、鶏もも肉の皮を上にして並べ入れる。さっと岩塩をふり、魚焼きグリル強で10分ほど焼く。

> MEMO くっつかないホイルの代わりに、耐熱皿または、くしゃっと丸めて広げたアルミホイルでも良い。その場合はごま油をさっとぬるとくっつきにくくなる。

② フライパンを熱し、【照り焼きだれ】の本みりんを入れてアルコールを飛ばしてから、残りの【照り焼きだれ】を加えて混ぜる。

③ ①の鶏肉を入れて煮詰めながら炒める。お好みで串にさす。

無水肉じゃが

材料（4人分）

牛細切れ肉		300g
醤油麹、甘麹		各大さじ2

肉に醤油麹、甘麹をもみ込んでおく

A	じゃがいも（乱切り）		3〜4個
	玉ねぎ（くし形切り）		大1個
	人参（乱切り）		1本
	アク抜き不要の糸こんにゃく（食べやすい長さに切る）		150g
	絹さや（斜めに2等分に切る）		10〜12枚
	ごま油		大さじ1

【照り焼きだれ】

醤油麹、甘麹、本みりん		各大さじ4

作り方

① 牛肉に醤油麹と甘麹をもみ込み、30分程度漬けておく（一晩おいてもOK）。

② 鍋にごま油を熱し、Aを入れて2〜3分炒める。【照り焼きだれ】の本みりんを加えて一煮立ちさせたら、残り【照り焼きだれ】を加えてさっと炒め合わせる。

③ ①の牛肉を広げてのせて、蓋をして弱火で15分煮る。

④ 絹さやを加え、一度全体を炒め合わせて、再び蓋をして弱火で5分ほど煮る。

あじの蒲焼卵丼

材料（4人分）

あじ（三枚におろしたもの）………	8枚
塩………	小さじ1/2
A 卵………	4個
甘麹………	大さじ1
塩麹………	小さじ1
片栗粉………	大さじ3程度
ごま油………	小さじ1＋大さじ3
白いりごま………	適量

【照り焼きだれ】

醤油麹、甘麹、本みりん………	各大さじ5
水………	大さじ5

作り方

① あじに塩をふって5〜10分ほどおく。フライパンにごま油小さじ1を熱し、Aを混ぜてから入れて、優しく混ぜながら半熟に焼き、とり出しておく。

② ①のあじをキッチンペーパーで押さえて水気をとり、片栗粉をまぶす。

③ フライパンにごま油大さじ3を熱し、あじを皮から焼く。しっかりと焼き色がついたらひっくり返し、片面もしっかり焼いてとり出す。

④ フライパンの油をふきとってから、【照り焼きだれ】の本みりんを入れて煮立たせ、残りの【照り焼きだれ】を加えて混ぜる。あじを戻し入れて、優しくからめながら熱する。

（MEMO）たれは卵にもかけるので煮詰めすぎない。

⑤ 器にごはんを盛り付け、あじと卵をのせてたれをかけ、お好みで白いりごまをふる。

コンソメ麹・中華麹の
作り方とレシピ

料理の幅がグーンと広がる、一度作ったら手放せない、常備しておきたい麹調味料です。
麹調味料ひとつで「コンソメ味」「中華味」がバッチリ決まるので、
市販のコンソメ、中華だしや鶏ガラスープの素が必要なくなります。
手間をできるだけ抑えて、本格的なおいしさを追求した
洋食と中華のレシピと献立をたっぷりご紹介します!

コンソメ麹の作り方／基本の使い方

『麹に野菜の旨みと甘みがプラスされて、自然の旨みだけとは思えない深みのある味わいに！
市販のコンソメと置き換えて使うだけで、品のあるおいしさが手に入ります。』

保存容器は煮沸やアルコールスプレー等で消毒したものを使ってください。
かき混ぜるスプーンやその他の道具は、清潔なものであれば消毒はしなくてもOK！炊飯器でも作れます（P14、15参照）。

材料

【できあがり量約450㎖】

乾燥米麹	100g
玉ねぎ	150g
人参	100g
セロリ	50g
トマト	30g
にんにく	10g
水	40㎖（40g）
塩	55g

※生米麹（100g）の場合は塩50g、水は不要
（できあがり量は約410㎖）

おきらくMEMO
・トマトやにんにくは省いても可
・セロリを省く場合は玉ねぎを180g、
　人参を120gに増やして

基本の使い方

顆粒コンソメの**約2倍**を
目安に置き換える

【漬ける】
肉や魚200gをコンソメ麹
大さじ1に漬けて焼く

【スープ】
水200㎖にコンソメ麹
大さじ1でスープに

---

❶ 米麹・塩・水・野菜をよく混ぜる

材料を全てフードプロセッサーに
入れて一気に撹拌してもOK！

野菜はミキサーなどですりおろす。保存容器に米麹と塩を入れてまんべんなく混ぜる。水とすりおろした野菜を加えてさらによく混ぜ、密閉せずに蓋をする。

❷ 常温または55〜60℃で発酵させる

【常温発酵の場合】
直射日光の当たらない室内で1〜2週間を目安に発酵させる。1日1回清潔なスプーンやヘラなどでかき混ぜる（カビないように、容器の内側の側面やふちについたコンソメ麹を、ヘラ等でぬぐっておくと良い）。

【55〜60℃発酵の場合】
ヨーグルトメーカーやオーブンの発酵機能で55〜60℃で8時間発酵させる。発酵開始1時間半〜2時間後に1回かき混ぜて、その後はできれば2〜3時間おきにかき混ぜるのがおすすめ。

❸ 米麹がやわらかくなったら完成

ブレンダーなどでペースト状にすると使いやすい

冷蔵保存：約3カ月
冷凍保存：約半年

米麹がやわらかくなり、味にまろやかさが出てきたら完成！密閉して冷蔵保存または冷凍保存する。

食べてびっくり！

鶏胸肉で大満足の2品献立

「何でこんなにやわらかいの!?」「えっ鶏胸肉なの??」と
食べた人全員が驚くコンソメ麹のパワーが炸裂した2品です。

コンソメ麹ドレッシングの
レシピはP123をチェック！

塩麹

醤油麹

甘麹

コンソメ麹

中華麹

めんつゆ麹

鶏皮でスープまでできる
鶏胸肉のミラノ風カツレツ

麹代用可能

材料（4人分）

鶏胸肉（皮をはがし薄く開いて半分に切る）
……………………………… 2枚（600g）
コンソメ麹 ……………… 大さじ3
　肉にコンソメ麹をまぶして漬けておく（同量の塩麹または
　塩小さじ1、砂糖小さじ2、水大さじ4で代用可能）

A｜卵（溶きほぐす）………… 2個
　｜米粉 ………………………… 大さじ3

B｜パン粉 …………………… 1と1/2カップ
　｜粉チーズ ………………… 大さじ4

オリーブオイル …………… 適量

【トマトセロリだれ 2人分】

　｜トマト（小さめの角切り）…… 1/2個
　｜セロリ（みじん切り）………… 目分量でトマトの半量
C｜塩麹 ………………………… 小さじ1
　｜（塩ふたつまみ程度でも代用可能）
　｜りんご酢 …………………… 小さじ1/2
ベビーリーフ……………………… 適量

作り方

① 鶏胸肉は皮をはがして、厚いところに包丁を入れて薄く切り開き、麺棒などで叩いてできるだけ薄く開く。1枚を2枚に切り分け、コンソメ麹をまんべんなくぬり、1時間程度漬ける（一晩おいてもOK）。

② Bをフードプロセッサーなどで細かくして混ぜておく（チャック付きの袋にパン粉を入れて、綿棒などで潰して細かくしてから、粉チーズと混ぜてもOK）。

③ Aをよく混ぜて①の鶏胸肉の両面につけて、Bをしっかりとまぶす。

④ フライパンにオリーブオイルを一面に広がるように入れて熱し、③の鶏胸肉を入れて、両面きつね色になるまで揚げ焼きする。

⑤ Cを混ぜ合わせて、お好みで添える。ベビーリーフにはP123 のコンソメ麹ドレッシングをかける。

> 大きめの鶏胸肉1枚（400g）を4等分にして、やや小さめに作ることも可能。その場合は、卵1個、米粉大さじ1と1/2、パン粉1カップ、粉チーズ大さじ2と1/2に調整してください。
> 何もかけなくてもおいしく食べられるので、トマトセロリだれはお好みで添えてください。あるとさっぱりと食べられます。

はがした鶏皮はコンソメスープに入れてだしにする

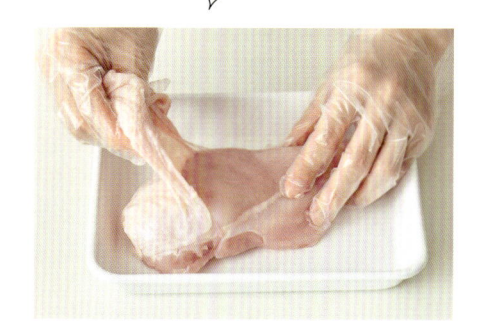

使っているのは

**上万糧食製粉所
米粉フレーク**

原材料がシンプル。ザクッと食感で、吸油率も低めで脂っこくならない！

基本のコンソメスープ

材料（4人分）　（麹代用可能）

キャベツ（短冊切り）……………	1/6個
人参（細切り）……………	1/2本
ぶなしめじ（ほぐす）……………	1株
（あれば鶏皮や手羽先一本など）	
コンソメ麹……………	大さじ3
（コンソメ大さじ1と1/2程度で代用可能）	
水……………	600㎖
オリーブオイル……………	小さじ1

オリーブオイルは、一緒に合わせるメニューが油を使う場合
は省いてもOK（P79の献立では省くのがおすすめ）。鶏皮
や手羽先はなくてもおいしくできるが、あると旨みが増してよ
りおいしくなる。ウインナーやベーコンなどでもOK。

作り方

① 鍋にオリーブオイルを熱し、野菜を入れて3分ほど炒
める。コンソメ麹も入れて30秒ほど炒め合わせる。

MEMO 野菜を炒めると野菜の細胞が壊れて、旨みが出やすく
なり、やわらかくなりやすくなる。コンソメ麹も、最後に味付けと
して入れるのではなく、最初に炒めることで、旨みと甘みが増す。

② 水を入れて蓋をして熱し、野菜がやわらかくなるまで
弱火で5分ほど煮る。

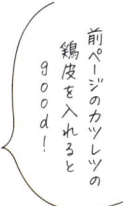

前ページのカツレツの鶏皮を入れるとgood!

揚げ焼きしながら…

2品献立の手順

ミラノ風カツレツ

START

コンソメスープ

鶏肉を切り開き
コンソメ麹に
漬けておく

野菜を全て切る

卵と米粉、
パン粉と粉チーズを
混ぜておく

野菜を
炒めて煮る

煮ている
間に…

鶏肉に卵液と
パン粉をまぶして
揚げ焼きする

トマトセロリだれと
コンソメ麹ドレッシングを
作る

GOAL

卵も絶品 オムハヤシの2品献立

メインはもちろん、副菜のコンソメ麹マヨも自信作！
マヨネーズを使っていないのに濃厚で、どんな野菜もパクパクおいしく食べられます。
副菜は、P123のコンソメ麹ドレッシングをかけた生野菜のサラダも、簡単でおすすめです。

オムハヤシ

材料（4人分） 〔麹代用可能〕

牛切り落とし肉	300g
コンソメ麹	大さじ1と1/2

牛肉にコンソメ麹をもみ込み漬けておく（岩塩適量とコンソメで代用可能）※

玉ねぎ（半分の長さで繊維と垂直の向きで輪切りにする）	
	1個
マッシュルーム（薄切り）	8個
米粉	小さじ2×2
本みりん	大さじ1
トマトピューレ（2倍濃縮）	200㎖

（トマト缶400gで代用OK。その場合Aの水は不要）

A	醤油麹	大さじ1
	（醤油大さじ1程度で代用可能）	
	ウスターソース	大さじ1/2
	水	200㎖
バター		10g＋5g
オリーブオイル		大さじ1/2
ごはん		お茶碗4杯分
	卵	4個
B	コンソメ麹	小さじ1
	甘麹	大さじ1

（コンソメ麹はコンソメ小さじ1/2程度で、
甘麹は砂糖やはちみつ大さじ1/2程度で代用可能）

バターまたは油（卵用）	大さじ1

※ コンソメ麹を岩塩とコンソメで代用する場合は、牛肉を焼く直前に岩塩適量をふり、Aと共にコンソメ小さじ2程度を入れてください。

作り方

① 牛肉にコンソメ麹をもみ込み30分程度漬けてから（一晩おいてもOK）、米粉をまぶす。

② フライパンまたは鍋にオリーブオイルを熱し、玉ねぎを入れて炒める。玉ねぎがしんなりして焼き色がしっかりとついたら、玉ねぎをはじに寄せる。マッシュルームも加え、軽く焼き色がつくまであまり触らずに焼く。

③ バター10gを入れて①の牛肉を加えてほぐしながら焼いたら、米粉を全体にふり入れて、粉っぽさがなくなるまでしっかりと炒める。

④ フライパンまたは鍋の隙間に本みりんを入れてアルコールをとばしたら、トマトピューレを入れて1分ほど炒め合わせる。

⑤ Aを入れて、時々混ぜながら4〜5分ほど煮詰める。最後に冷たいバター5gを入れて炒め合わせる。

MEMO 室温においたやわらかいバターは、混ざりきる前に溶けて油が浮きやすい。冷たいバターを入れて、優しく混ぜながら乳化（しっかりと混ざりきる）させることでよりおいしく仕上がる。

⑥ 別のフライパンにバターまたは油（卵用）を熱し、混ぜ合わせたBを一気に加え、ヘラなどで優しくかき混ぜるようにして卵を好みの硬さに焼く。4等分にして、盛り付けたごはんの上にのせ、⑤を盛り付ける。

MEMO ⑤で4〜5分ほど煮詰めている間に作るとスムーズ。

082

コンソメ麹 マヨディップ

材料（作りやすい分量）

ブロッコリー（蒸すまたは茹でる）	1株
スナップエンドウ（蒸すまたは茹でる）	8個
きゅうり（細長く切る）	1本
パプリカ（細長く切る）	1/2個

麹代用可能

A
- 無調整豆乳 ……… 40㎖
- 香りのない油 ……… 80㎖
  （米油、サラダ油、太白ごま油など。風味は変わるがオリーブオイルなどでもOK）
- コンソメ麹 ……… 大さじ1
  （同量の塩麹または塩小さじ1/2程度で代用可能）
- りんご酢 ……… 大さじ1

作り方

Aをハンドブレンダーやミキサーで撹拌してマヨネーズを作り、野菜に添える。

豆乳とりんご酢が最初に触れ合ってしまうと分離しやすくなるので、材料は上から順に優しく入れると良い。人参、大根、アスパラガス、いんげんなどもおすすめ。

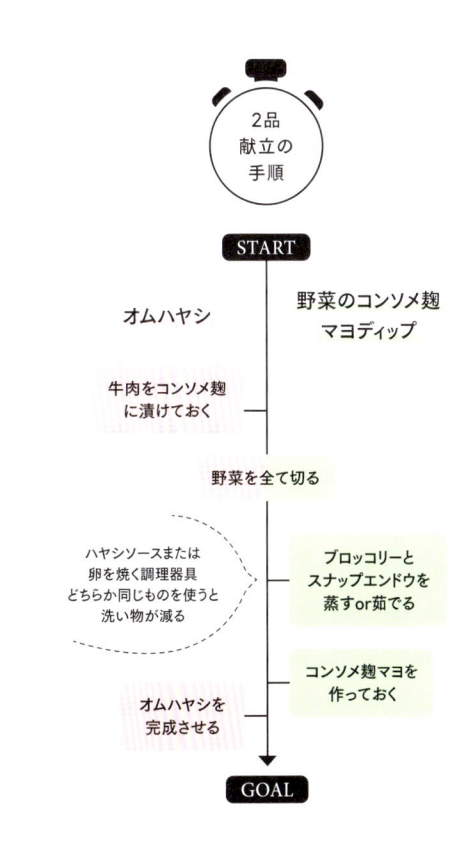

2品献立の手順

START

野菜のコンソメ麹マヨディップ

オムハヤシ

牛肉をコンソメ麹に漬けておく

野菜を全て切る

ハヤシソースまたは卵を焼く調理器具どちらか同じ物を使うと洗い物が減る

ブロッコリーとスナップエンドウを蒸すor茹でる

コンソメ麹マヨを作っておく

オムハヤシを完成させる

GOAL

相性抜群2品献立

鯖とトマトは、互いの栄養素や旨みを相乗効果で高め合う組み合わせ。
重すぎないメインなので、具沢山のシーザーサラダを合わせることで食べ応えもバッチリです。

鯖のトマト煮

材料（4人分） 麹代用可能

生鯖フィレ半身（4等分に切る）……… 2枚（300〜400g）
塩 ……………………………………… 小さじ2/3
玉ねぎ（半分の長さで繊維を断つ向きで薄切り）…… 1/2個
ぶなしめじ（ほぐしておく）………………… 1株
茄子（輪切り）………………………… 2本
トマトピューレ（2倍濃縮）…………… 200㎖
　（トマト缶400gで代用OK。その場合水は不要。）
コンソメ麹 …………………………… 大さじ2
　（コンソメ大さじ1程度で代用可能）
にんにく（すりおろす）………………… 1片
米粉 …………………………………… 小さじ2
水 ……………………………………… 200㎖
オリーブオイル ………………………… 大さじ1×3

作り方

① 鯖はまんべんなく塩をふって10分ほどおく。水気をふきとり臭みをとってから、米粉をまぶす。
② フライパンにオリーブオイル大さじ1を熱し、茄子を入れて両面焼いて一度とり出す。
③ オリーブオイル大さじ1を追加して、①の鯖を皮から入れて両面焼いて一度とり出す。フライパンに残った油をふき取る。

MEMO 鯖の臭みが出たオイルをふきとることで、クセなくよりおいしくなる。

④ オリーブオイル大さじ1を入れて、玉ねぎ、ぶなしめじ、にんにくを入れて3分ほど炒める。コンソメ麹も加えて炒め合わせる。
⑤ トマトピューレと水を加え、再び煮立ったら茄子と鯖を戻し入れて、弱中火〜中火で10分ほど煮る。

白菜のグリルシーザーサラダ

材料（4人分）

A｛ 白菜（ざく切り、芯は細めに切る）……… 1/8個
　 人参（細切り）……………………… 1/3本
　 冷凍カット油揚げ ………………… 大さじ山盛り2
きゅうり（スライサーで小口切り）………… 1本
温泉卵 ………………………………… 2個
お好みで黒コショウ、粉チーズ ………… 適量

作り方

① くっつかないホイルやアルミホイルにAを広げてのせる。魚焼きグリルの火力を強にして3分ほど焼く。器に盛り付け、きゅうりと温泉卵をのせる。
② P123のシーザー風ドレッシングをかけ、お好みで黒コショウや粉チーズをかける。

2品献立の手順

START

鯖のトマト煮　　白菜のグリル
　　　　　　　　シーザーサラダ

鯖に塩をふって
10分おく

10分おく
間に…　　　　　野菜を全て切る

手順に沿って
作り、10分煮る

10分煮て
いる間に…　　　材料を魚焼き
　　　　　　　　グリルで焼く

　　　　　　　　　　　　　焼いている
　　　　　　　　シーザー風　　間に…
　　　　　　　　ドレッシングを作る

GOAL

塩麹

醤油麹

甘麹

コンソメ麹

中華麹

めんつゆ麹

カフェ風

ジャンバラヤ2品献立

白米と一緒に炊いた鶏もも肉を、最後にパリッと焼くひと手間で、グーンとおいしさレベルアップ。
スープにもリッチに卵を落として大満足のメニューです。スープは、P57のめかぶと豆腐の
あっさりかき玉スープも、タンパク質を補えるのでおすすめです。

落とし卵のコンソメスープ

材料（作りやすい分量）　麹代用可能

卵		4個
A	えのきだけ（2cm幅に切る）	1/4株
	いんげん（1cmの輪切り）	12〜15本
	じゃがいも（角切り）	2個
	白菜（短冊切り）（キャベツでもOK）	1/8個
コンソメ麹		大さじ3

（コンソメ大さじ1と1/2程度で代用可能）

水	600㎖
オリーブオイル	小さじ1
お好みで黒コショウ	適量

作り方

① 鍋にオリーブオイルを熱し、Aを入れて3分ほど炒める。コンソメ麹も入れて30秒ほど炒め合わせる。

② 水を入れて蓋をして熱し、野菜がやわらかくなるまで弱火で5分ほど煮る。

③ 中火にして煮立ったら蓋をあけ、卵を割り入れる。再び蓋をして、白身が固まるまで弱〜弱中火で1〜2分ほど煮る。お好みで黒コショウをふる。

炊飯器ジャンバラヤ

材料（4人分）

麹代用可能

白米	2合
鶏もも肉	1枚
コンソメ麹	大さじ1

肉の身側だけにコンソメ麹をぬって漬けておく
（岩塩適量で代用可能）

冷凍ミックスベジタブル	大さじ山盛り3
A　コンソメ麹、トマトケチャップ、ウスターソース	各大さじ1
チリパウダー	小さじ1
カレー粉	小さじ1/4

（コンソメ麹はコンソメ小さじ2程度で代用可能）

岩塩	小さじ1/2程度
仕上げのチリパウダー	小さじ1/3程度
オリーブオイル	適量
サニーレタス	2枚
アボカド	1個

作り方

① 鶏もも肉は余分な脂肪をとり除き、身の方だけにコンソメ麹をぬり、1時間程度漬ける（一晩おいてもOK）。冷凍ミックスベジタブルは解凍しておく。

② 炊飯釜にといだ白米とAを入れて、いつも通りの目盛りまで水を入れて混ぜる。ミックスベジタブルを広げて入れたら、①の鶏もも肉を皮を下にしてのせ、炊飯する。

③ 炊けたら鶏もも肉をとり出し、皮に岩塩と仕上げのチリパウダーをかけ、オリーブオイルを熱したフライパンで、皮を下にして焼き色がつくまで焼く。鶏もも肉を切って、ごはんにのせる。

④ サニーレタスとアボカドを添えて、P123のコブサラダ風ドレッシング（またはシーザー風ドレッシング）をかける。

2品献立の手順

START

炊飯器ジャンバラヤ	落とし卵のコンソメスープ
鶏肉をコンソメ麹に漬けておく	
炊飯する	
炊いている間に	材料を炒めて煮る
コブサラダ風ドレッシングを作る	煮ている間に…
炊きあがる直前に	
サニーレタスとアボカドを切る	
鶏肉の皮を焼く	
	スープに卵を落とす

GOAL

塩麹　醤油麹　甘麹　コンソメ麹　中華麹　めんつゆ麹

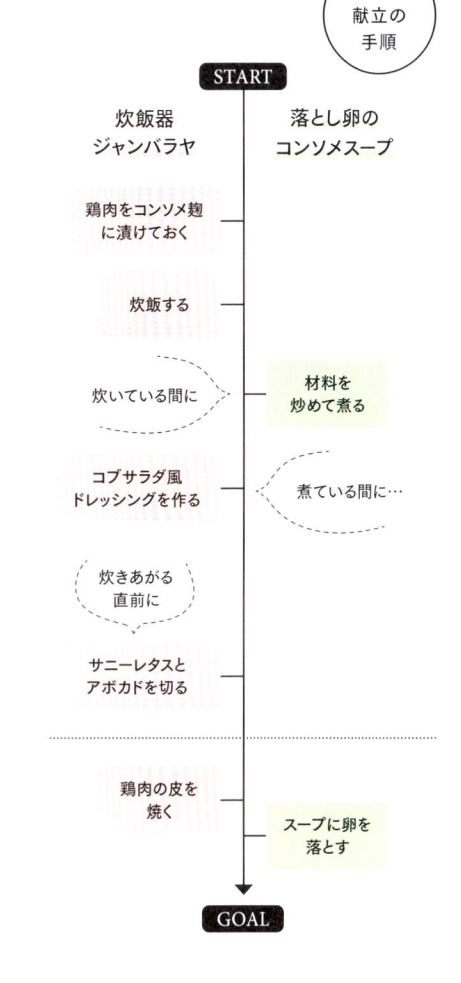

③ 炊飯器から鶏肉をとり出して…

③

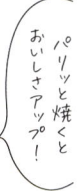

パリッと焼くとおいしさアップ！

米粉とお豆腐のピザ2種

材料（直径20cm×2枚分）

麹代用可能

【ピザ生地2枚分】

米粉（ミズホチカラ推奨）	200g
絹ごし豆腐	200g
ベーキングパウダー	6g
塩麹（塩小さじ1/3程度で代用OK）	小さじ2
オリーブオイル	適量

【ツナコーンチーズのトッピング】

A	トマトケチャップ	大さじ2
	コンソメ麹	小さじ1
	（コンソメ小さじ1/2程度で代用可能）	

ツナ缶	1缶
コーン	30g
ピザ用チーズ	適量

【照り焼きウインナーもちのトッピング】

B	トマトケチャップ、中濃ソース	各大さじ1
	コンソメ麹	小さじ1
	（コンソメ小さじ1/2程度で代用可能）	

ウインナー（輪切り）	30g
切り餅（12等分に切る）	1個
お好みでマヨネーズ、きざみ海苔	適量

醤油麹

甘麹

コンソメ麹

中華麹

めんつゆ麹

生地もソースも、とにかく簡単でヘルシーでおいしい！
このレシピを覚えれば、休日の子どものお昼はもう困りません。

作り方

① オーブンを220℃に予熱する。AとBをそれ
ぞれ混ぜておく。

② ボウルに絹ごし豆腐と塩麹を入れて泡立て
器で滑らかになるまで混ぜる。米粉とベー
キングパウダーを加えて、ゴムベラで全体を
混ぜ合わせ、ひとまとまりになったら2等分
する。

③ 手にオリーブオイルをつけて②の生地を丸
め、クッキングシートの上におき、直径20
cmを目安に平らにする。

④ それぞれAとBのソースをぬり、具材をのせ
たら、220℃に予熱したオーブンで15分を
目安に焼く。2段のオーブンで焼く場合は、
最後の5分で上下を入れ替える。

(MEMO) オーブンの温度や焼き時間は、ご家庭の
オーブンに合わせて調整してください（本書ではパナ
ソニックのビストロを使用しています）。

中華麹の作り方／基本の使い方

保存容器は煮沸やアルコールスプレー等で消毒したものを使ってください。
かき混ぜるスプーンやその他の道具は、清潔なものであれば消毒はしなくてもOK！炊飯器でも作れます（P14、15参照）。

材料

【できあがり量約470㎖】

乾燥米麹	120g
長ねぎ	200g（約2本）
玉ねぎ	50g
にんにく	20g
しょうが	10g
醤油	15㎖（18g）
水	100㎖（100g）
塩	55g

※生米麹（120g）の場合は水50㎖、塩50g
（できあがり量約420㎖）

(MEMO) 長ねぎは白い部分から使い、足りなければ青い部分も入れて

基本の使い方

鶏ガラスープの素や
中華だしの**約2倍**を
目安に置き換える

【漬ける】
肉や魚**200g**を中華麹
大さじ1に漬けて焼く

【スープ】
水**200〜250㎖**に中華麹
大さじ1を入れてスープに

---

❶ 米麹・塩・水・野菜をよく混ぜる

材料を全てフードプロセッサーに入れて一気に撹拌してもOK！

野菜はミキサーなどですりおろす。保存容器に米麹と塩を入れてまんべんなく混ぜる。水とすりおろした野菜を加えてさらによく混ぜ、密閉せずに蓋をする。

❷ 常温または55〜60℃で発酵させる

【常温発酵の場合】
直射日光の当たらない室内で1〜2週間を目安に発酵させる。1日1回清潔なスプーンやヘラなどでかき混ぜる（カビないように、容器の内側の側面やふちについた中華麹を、ヘラ等でぬぐっておくと良い）。

【55〜60℃発酵の場合】
ヨーグルトメーカーやオーブンの発酵機能で55〜60℃で8時間発酵させる。発酵開始1時間半〜2時間後に1回かき混ぜて、その後はできれば2〜3時間おきにかき混ぜるのがおすすめ。

❸ 米麹がやわらかくなったら完成

ブレンダー等でペースト状にすると使いやすい

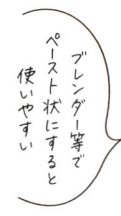

冷蔵保存：約3カ月
冷凍保存：約半年

米麹がやわらかくなったら完成！密閉して冷蔵保存または冷凍保存する。作ってすぐは辛みを感じることがあるが、料理で加熱すれば気にならず、次第にまろやかになる。

家で食べられる
なんて！と驚く

絶品小籠包の
3品献立

一見、手間がかかりそうに見えますが、実はとっても簡単！
チャーハンも小籠包を蒸している間に、ササッと作れます。
小籠包も中華麹のおかげで簡単＆絶品です。

ブロッコリーとわかめの
ナムルのレシピは
P103をチェック！

21cmのせいろに8個
2段で蒸しています

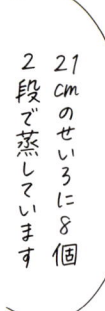

② これがたっぷり
肉汁のもと！

③ 中心にそえた人差し指に
向かってひだを寄せる

最後にぎゅっと
口を閉じる

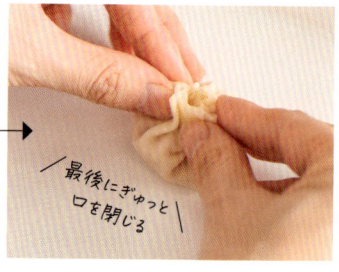

中華麹だけで絶品小籠包

材料（16〜20個分）

	中華麹	大さじ1/2
A	ゼラチン	4g
	水	180㎖
	豚ひき肉	100g
B	中華麹	大さじ1
	ごま油	小さじ1
餃子の皮		大判16〜20枚

お好みで千切りしょうが、
醤油、黒酢 ……………… 適量

> せいろがなければ、フライパンで蒸し焼きしても作れる。我が家は大人2人＋幼児2人分として倍量（32個分）たっぷり作っています。

作り方

① 小鍋にAを入れて混ぜながら熱し、ゼラチンを溶かしたら、耐熱容器に入れて冷蔵庫で冷やして固めておく。

② ボウルにBを入れてよくこねる。固めた①をフォークでほぐしてボウルに入れて、全体を混ぜる。

③ 餃子の皮に、②の肉だねを小さじ山盛り1程度を目安にのせる。周囲に水をつけてひだを中心に向かって寄せながら包む。

④ せいろに蒸し布やクッキングシートをしいて、③の小籠包を隙間をあけて並べて蓋をして、沸騰した鍋の上で7分蒸す。

⑤ お好みで醤油や黒酢をつけ、千切りしょうがと一緒に食べる。

あっというまチャーハン

材料（4人分）

（麹代用可能）

温かいごはん		2合分（600〜660g）
卵（溶いておく）		3個
A	冷凍グリンピース	大さじ山盛り3（約40〜50g）
	しらす	大さじ山盛り3
中華麹		大さじ1と1/2

（鶏がらスープの素小さじ2強程度で代用可能）

オイスターソース		大さじ1（醤油で代用OK）
ごま油		大さじ1

作り方

① フライパンにごま油を熱し、溶き卵を入れたらすぐにごはんを入れる。ごはんと卵をからめるようにほぐしながら炒める。

② フライパンの隙間に中華麹を入れてさっと炒めてからAを加え、ふちからオイスターソースをまわし入れて、全体を炒め合わせる。

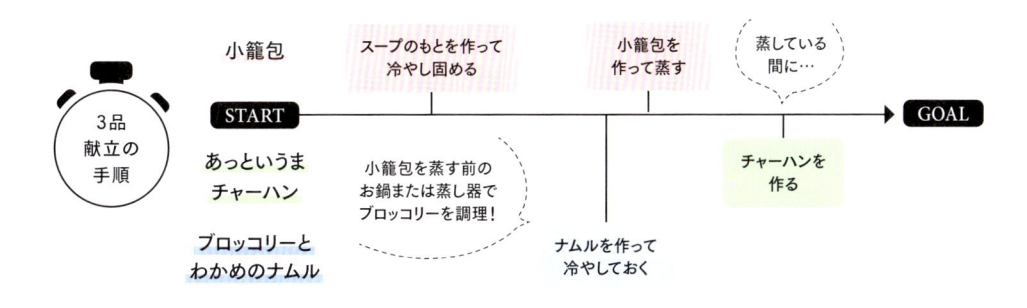

青椒肉絲の2品献立

筍の代わりにじゃがいもを使った、日常的に作りやすい青椒肉絲と、
トマトの甘みもある自然な酸味で、みんなが食べやすい酸辣湯風スープです。
汁物は、P99のちゃんぽん風春雨スープも合います。

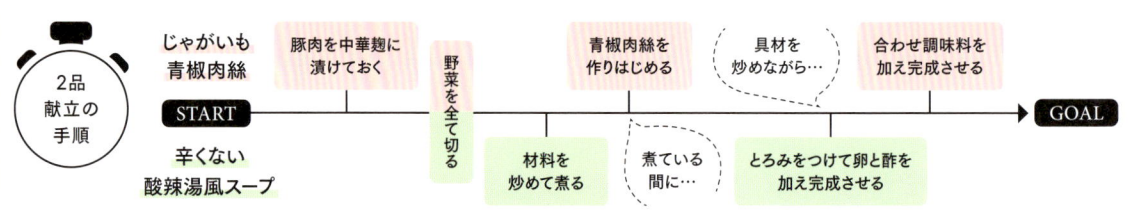

2品
献立の
手順

じゃがいも
青椒肉絲

| 豚肉を中華麹に漬けておく | | 青椒肉絲を作りはじめる | 具材を炒めながら… | 合わせ調味料を加え完成させる |

START —————————————————— **GOAL**

辛くない
酸辣湯風スープ

野菜を全て切る | 材料を炒めて煮る | 煮ている間に… | とろみをつけて卵と酢を加え完成させる

じゃがいも青椒肉絲

麹代用可能

材料（4人分）

豚ロースしょうが焼き用（細切り）…… 300g
醤油麹 …… 小さじ2
　肉に醤油麹をもみ込み漬けておく（醤油小さじ2程度で代用可能）
人参（細切り）…… 1/2本
ピーマン（細切り）…… 2個
じゃがいも（細切り）…… 1〜2個

A
　中華麹 …… 小さじ2
　　（鶏がらスープの素小さじ1程度で代用可能）
　醤油麹 …… 大さじ1と1/2
　　（醤油大さじ1程度で代用可能）
　オイスターソース …… 大さじ1/2
　水 …… 大さじ3
　片栗粉 …… 小さじ1

豚肉にまぶす用の片栗粉 …… 大さじ1
ごま油 …… 大さじ1

作り方

① 豚肉に醤油麹をもみ込み30分程度漬けてから（一晩おいてもOK）、片栗粉をまぶす。じゃがいもは水にさらして水気をふいておく。

② フライパンにごま油を熱し、①の豚肉を入れて焼く。半分くらい火が通ってきたら、人参とじゃがいもを入れて、弱中火で5分ほど炒める。最後にピーマンも加えてさっと炒め合わせる。

③ 混ぜ合わせたAを入れて、全体を炒め合わせる。

> じゃがいもは水煮の筍にしてもおいしい。

辛くない酸辣湯風スープ

麹代用可能

材料（4人分）

A
　人参（細切り）…… 1/3本
　椎茸（薄切り）…… 3枚
　トマト（角切り）…… 1個

卵（溶いておく）…… 2個
中華麹 …… 大さじ1
　（鶏がらスープの素大さじ1/2程度で代用可能）
醤油麹 …… 大さじ1と1/2（醤油大さじ1程度で代用可能）
りんご酢 …… 大さじ1/2
水溶き片栗粉（片栗粉大さじ1/2＋水大さじ1）
水 …… 500ml
ごま油 …… 小さじ1
お好みでラー油 …… 適量

作り方

① 鍋にごま油を熱し、Aを入れて2〜3分炒める。中華麹も入れて30秒ほど炒め合わせたら、水と醤油麹を加えて蓋をして熱する。煮立ったら弱火で3分ほど煮る。

② 水溶き片栗粉を混ぜながらまわし入れ、しっかりと沸騰させてとろみをつける。

③ 溶き卵をまわし入れ、一呼吸おいてから優しくかき混ぜる。様子を見ながらりんご酢を加えて好みの酸味にととのえる。お好みでラー油をかける。

海老チリ2品献立

厚揚げでかさ増ししたお財布に優しい海老チリ。副菜は家にある野菜でアレンジして、お気軽に作ってみてください。汁物は、P51のブロッコリーとえのきの和洋風スープもおすすめ。

いろいろ野菜の中華スープ

材料(4人分)　**麹代用可能**

A	ねぎ(縦半分に切って輪切り)	1/2本
	大根(細切り)	2cm幅
	エリンギ(細切り)	1～2本
B	アスパラガス(薄い斜め切り)	4～5本
	コーン	50g
中華麹		大さじ2

(鶏がらスープの素大さじ1程度で代用可能)

醤油	小さじ1
水	600㎖
ごま油	小さじ1

作り方

① 鍋にごま油を熱し、Aを入れて3分ほど炒める。中華麹も入れて30秒ほど炒め合わせる。

② 水を加えて蓋をして熱し、煮立ったら弱火で8分ほど煮る。Bを加えてさっと煮たら醤油をまわし入れる。

厚揚げ海老チリ

材料（4人分） 麹代用可能

むき海老	200〜250g
塩	小さじ1
片栗粉	小さじ2

海老に塩と片栗粉をもみ込んで洗い、臭みをとる

A
絹厚揚げ（食べやすい大きさに切る）	140g×2枚
いんげん（3〜4等分に切る）	15本

長ねぎ（みじん切り）	1/2本

B
にんにく（すりおろす）	1片
しょうが（すりおろす）	小さじ1
トマトケチャップ	大さじ5
中華麹	大さじ2

（鶏ガラスープの素大さじ1程度で代用可能）

豆板醤	小さじ1
りんご酢	大さじ1/2
水	200㎖
片栗粉	大さじ1
水溶き片栗粉（片栗粉大さじ1/2＋水大さじ1）	
ごま油	大さじ1＋小さじ1

作り方

① 海老に塩と片栗粉をもみ込んでからよく洗い、臭みをとる。水気をふいて片栗粉大さじ1をまぶす。フライパンにごま油大さじ1を熱し、むき海老を入れて両面焼いてとり出す。Aを入れて両面焼いてとり出す。

② 同じフライパンにごま油小さじ1を熱し、Bを入れて1〜2分炒めたら、長ねぎも加えて全体をさっと炒め合わせ、水を加えて熱する。

③ 煮立ったら①の海老とAを戻し入れて、水溶き片栗粉を少しずつ加えて、混ぜながらとろみをつける。最後にりんご酢を入れてさっと炒める。

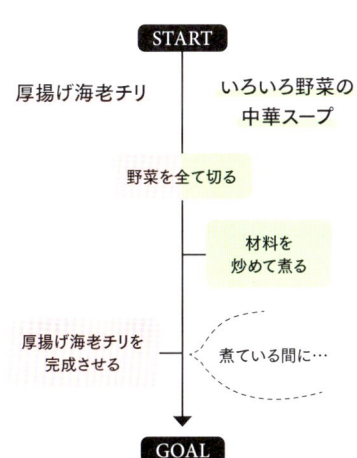

2品
献立の
手順

START

厚揚げ海老チリ　　いろいろ野菜の
中華スープ

野菜を全て切る

材料を
炒めて煮る

厚揚げ海老チリを
完成させる　　　煮ている間に…

GOAL

辛みとねぎが苦手なお子さんと一緒に食べるときは、豆板醤とねぎを省いて作り、お子さん分を取り分けてください。その後、フライパンのあいたところで、分量外のごま油少々と豆板醤とねぎを、軽く熱して香りを立たせてから、全体を炒め合わせてください。

大根ときゅうりと
ミニトマトのナムルの
レシピはP103をチェック!

レシピはP103をチェック!

家にある野菜で

アレンジしやすい3品献立

麻婆野菜は、キャベツや白菜のようにあまりがちな野菜で作ってもおいしい。
冷蔵庫にある生野菜でナムルを作ったり、お好みの野菜で
メインとスープを作ったりとアレンジは無限です!
副菜は、P43のパインと人参のアーモンドラペもさっぱりしておすすめ。

3品献立の手順

麻婆野菜
START → 豚ひき肉に中華麹をざっくりと混ぜる → 野菜を全て切る → 材料を炒めて煮る → 煮ている間に… → とろみをつけて仕上げる → GOAL

ちゃんぽん風春雨スープ
材料を炒めて煮る → 煮ている間に… → 春雨、醤油、牛乳を入れて仕上げる

大根ときゅうりとミニトマトのナムル
作って冷やしておく

残り野菜で作れる麻婆野菜

（麹代用可能）

材料（4人分）

豚ひき肉		300g
A	味噌	大さじ2
	中華麹	大さじ1

ひき肉にAをざっくりと混ぜておく
（中華麹は鶏がらスープの素大さじ1/2程度で代用可能）

大根（角切り）	1/4本
小松菜（ざく切り）	3束
にんにく（すりおろす）	1片
しょうが（すりおろす）	小さじ1/2〜1
ごま油	小さじ2
水	200㎖
水溶き片栗粉（片栗粉大さじ1と1/2＋水大さじ3）	

作り方

① 豚ひき肉に、混ぜ合わせたAをざっくりと混ぜ、その他の準備をしている間だけ常温でおく。

② フライパンにごま油、にんにく、しょうがを入れて弱火で熱し、香りが立ったら中火にする。①のひき肉、大根、小松菜をを入れて、ひき肉に火が通るまで炒める。

（MEMO）脂っぽさを抑えたい場合は、先にひき肉を炒め、出てきた脂をキッチンペーパーで軽く吸い取ってから野菜を炒め合わせる。

③ 水を加えて蓋をして熱し、煮立ったら弱火にして、野菜がやわらかくなるまで2〜3分煮る。

④ 水溶き片栗粉を少しずつ加えて、混ぜながら熱してとろみをつける。

ちゃんぽん風春雨スープ

（麹代用可能）

材料（4人分）

A	キャベツ（短冊切り）	1/8個
	人参（細切り）	1/3本
	生きくらげ（細切り）	3〜4枚
	桜えび	大さじ山盛り1
春雨		30g
中華麹		大さじ2

（鶏がらスープの素大さじ1程度で代用可能）

醤油	大さじ1
牛乳（無調製豆乳でもOK）	100㎖
水	600㎖
ごま油	小さじ1

作り方

① 鍋にごま油を熱し、Aを入れて2〜3分炒める。中華麹も入れて30秒ほど炒め合わせる。

② 水を加えて蓋をして熱し、煮立ったら弱火で5分ほど煮る。

③ 中火にして春雨を入れてほぐし、醤油、牛乳を入れて、沸騰直前で火を止める。

きくらげは椎茸やぶなしめじなどのきのこ類にしてもおいしい。

中華五目あんかけ焼きそば

目指したのは、品のある中華料理屋さんの五目あん。濃すぎないのに旨みたっぷりで、中華風と和風のバランスの良い味です。あんは、ごはんにかけてもおいしいです。

材料（4人分） 麹代用可能

豚こま切れ肉	………………	100g
醤油麹	………………	大さじ1/2

肉に醤油麹をもみ込み漬けておく（醤油小さじ1程度で代用可能）

むき海老	………………	160g
塩	………………	小さじ1/2
片栗粉	………………	小さじ1

海老に塩と片栗粉をもみ込んで洗い、臭みをとる

A	人参（短冊切り）	………	1/2本
	白菜（ざく切り）	………	1/8個
	椎茸（薄切り）	………	4枚
	生きくらげ（食べやすい大きさに切る）	……	3枚

中華麹	………………	大さじ2

（鶏ガラスープの素大さじ1程度で代用可能）

醤油麹	………………	大さじ2

（醤油大さじ1強程度で代用可能）

オイスターソース	………………	大さじ1
水	………………	500ml
ごま油	………………	小さじ1×2
水溶き片栗粉（片栗粉大さじ2強＋水大さじ4強）		
焼きそば用中華麺	………………	4玉
ごま油	………………	大さじ1×2

作り方

① 豚肉に醤油麹をもみ込み30分程度漬けておく（一晩おいてもOK）。海老に塩と片栗粉をもみ込んでよく洗い臭みをとる。

② フライパンにごま油小さじ1を熱し、①の海老を両面焼いて一度とり出す。

③ ごま油小さじ1を追加して、①の豚肉を入れて焼く。8割程度火が通ったら、Aを加えて2分ほど炒め、中華麹も加えて30秒ほど炒め合わせる。

④ 水を加えて蓋をして熱し、煮立ったら弱火で10分ほど煮る。②の海老、醤油麹、オイスターソースを加えて一煮立ちさせる。

⑤ 一度火を弱めて水溶き片栗粉を混ぜながら加える。中火に戻してしっかりと1分ほどグツグツと煮立ててとろみを定着させる。

（MEMO）工程④で煮ている間に、別のフライパンで麺を揚げ焼きしておくとちょうど良い時間でできあがる。

⑥ フライパンにごま油大さじ1を熱し、焼きそば用中華麺を入れてほぐし、あまり触らず焼き色をつける。ひっくり返してごま油大さじ1をまわし入れて、同様に焼き色をつける。

⑦ 麺を器に盛り付けて、あんをかける。

簡単本格フォー

何度作っても自画自賛してしまう、自信作レシピのひとつ。パクチーやディルなどたっぷり入れて食べるのが好きですが、ナンプラーやスパイスなどを入れずに作れば、旨みたっぷりの優しい煮麺のようになり、小さなお子様も一緒においしく食べられます。

塩麹

醤油麹

甘麹

コンソメ麹

中華麹

めんつゆ麹

材料（2人分）　（麹代用可能）

鶏もも肉		1枚
手羽先		2本
塩麹		大さじ2

肉に塩麹をもみ込み漬けておく

A	しょうがスライス		1枚
	にんにく（薄切り）		1片
	玉ねぎ（薄切り）		1/4個
B	シナモンスティック		3cm（省いてもOK）
	八角		1個（省いてもOK）
	水		800ml
中華麹			大さじ2

（鶏ガラスープの素大さじ1程度で代用可能）

C	塩麹		大さじ1〜1と1/2
	ナンプラー		大さじ1
油			小さじ2
フォー麺			200g
もやし			100g

お好みでパクチー、ディル、
水にさらしたスライス玉ねぎ
......適量

作り方

① 鶏肉と手羽先に塩麹をもみ込み1時間程度漬けておく（一晩おいてもOK）。

② 鍋に油とAを入れて熱し、軽く炒めてはじに寄せる。空いたところに鶏肉と手羽先を皮を下にして塩麹ごと入れて、焼き色をつける。隙間に中華麹も入れてさっと炒める。

③ Bを入れて蓋をして熱し、煮立ったら弱火で20分ほど煮る。

④ 煮ている間に、別の鍋にたっぷりのお湯を沸かし、もやしをさっと茹でてとり出す。同じお湯でフォー麺を茹でて、水にとり冷やしてしめておき、器に麺を盛り付けておく。

⑤ ③の鍋から鶏肉と手羽先、シナモンスティック、八角、にんにく、しょうがをとり出し、Cを入れて一煮立ちさせる。鶏もも肉は切っておく。

⑥ ④の器にスープを入れて、鶏肉、もやし、お好みでパクチー、ディル、スライス玉ねぎ等をのせる。

塩麹だけで作る場合は、②で長ねぎ（みじん切り）1/4本も一緒に炒めて、⑤で入れる塩麹を大さじ2〜2と1/2にして。ナンプラーを省きたい人がいる場合は、鍋に入れずに器に直接入れてもOK。ナンプラーにも塩分があるので、ナンプラーを省く場合は塩麹を増やして調節してください。

チンゲン菜と桜えびの中華炒め

あっという間にできる、あと一品にも便利な一皿です。
残った桜えびはP99のちゃんぽん風春雨スープにも使えます。

材料(4人分) 麹代用可能

チンゲン菜(ざく切り)	2束(約200g)
桜えび	大さじ山盛り1
ごま油	大さじ1
中華麹	小さじ2
（鶏ガラスープの素小さじ1程度で代用可能）	
醤油	小さじ1

作り方

① フライパンにごま油を熱し、チンゲン菜の茎を1分ほど炒めたら、葉と桜えびを入れて30秒ほど炒める。

② 中華麹を入れて30秒ほど炒め合わせ、最後に醤油をまわし入れてさっと炒める。

小松菜で作ってもおいしい。

中華麹で作る2種のあえるだけ副菜

塩麹　醤油麹　甘麹　コンソメ麹　中華麹　めんつゆ麹

ブロッコリーとわかめのナムル

（麹代用可能）

ブロッコリー1株（小房に分ける）を沸騰した湯でさっと茹でて粗熱をとる。中華麹、りんご酢各大さじ1/2、醤油麹、ごま油各大さじ1をよく混ぜてから、ブロッコリーとわかめ（80g）とあえる。
（中華麹は鶏ガラスープの素小さじ2/3程度、醤油麹は醤油小さじ2程度で代用可能）

大根ときゅうりとミニトマトのナムル

（麹代用可能）

中華麹、ごま油、りんご酢、白いりごま各小さじ2をよく混ぜてから、大根1/4本（細切り）、きゅうり1本（細切り）、ミニトマト6個（くし形切り）とよくあえる。
（中華麹は鶏ガラスープの素小さじ1程度で代用可能）

麹調味料 × 味噌 の黄金比で作れる

大人も子どもも だ～いすき 甘味噌味レシピ

甘味噌だれの黄金比

(味噌1 ： 醤油麹1 ： 甘麹2)

とにかく万能！味噌味は全てこれにしておけば間違いありません！ 肉と野菜を炒めるだけでも
バッチリおいしいので、深く考えずに家にある肉と野菜を炒めてみてください。

回鍋肉

材料（4人分）

豚ロース肉		300g
A	キャベツ（ざく切り）	1/6個
	人参（細切り）	1/3本
	ぶなしめじ（ほぐす）	1株
米粉または片栗粉		大さじ2
ごま油		小さじ2×2
お好みで豆板醤、ラー油		適量

【甘味噌だれ】

味噌、醤油麹	各大さじ2
甘麹	大さじ4
にんにく（すりおろす）	1片

肉に甘味噌だれの半量をもみ込み漬けておく

作り方

① 混ぜ合わせた【甘味噌だれ】の半量を豚肉
にもみ込み、30分程度漬けてから（一晩お
いてもOK）、米粉または片栗粉をまぶす。

② フライパンにごま油小さじ2を熱し、Aを入
れて2分ほど炒めてとり出す。

③ 同じフライパンにごま油小さじ2を追加し
て、①の豚肉を入れて両面焼く。

④ 焼けた肉と野菜をフライパンに戻し入れて、
残りの【甘味噌だれ】を入れてさっと炒める。

辛さが欲しい場合は、お好みでラー油をか
けるか、④で豆板醤も加えて炒めると良い。

タラとじゃがいものカムジャタン風スープ

材料（4人分）

生タラの切り身（3〜4等分に切る）		4切れ（300g）
A	じゃがいも（半月切りまたは輪切り）	2個
	小松菜（ざく切り）	2〜3束
	椎茸（薄切り）	4枚
	塩分無添加のだしパック	1袋
	水	600㎖
お好みで糸唐辛子		適量

【甘味噌だれ】

味噌、醤油麹	各大さじ2
甘麹	大さじ4

タラを、混ぜ合わせた甘味噌だれに漬けておく

作り方

① 混ぜ合わせた【甘味噌だれ】にタラを漬けて、30分〜1時間程度おく（一晩おいてもOK）。

② 鍋にAを入れて蓋をして火にかけ、煮立ったら①のタラをたれごと入れる。

③ 再び蓋をして、煮立ったら弱火にして3分ほど煮る。お好みで糸唐辛子を添える。

> ごはんが進むしっかり味です。お好みでこんにゃくを足してもおいしい。

味噌漬けきゅうり

きゅうり···················2本
塩····················小さじ1/2

【甘味噌だれ】

味噌、醤油麹···············各大さじ2
甘麹····················大さじ4
りんご酢·················大さじ2

作り方

① きゅうりは皮をピーラーで4カ所むいて3〜4cm程度の長さに切り、塩をもみ込み10分ほどおき、出てきた水気をよくきる。
② チャック付きの袋に【甘味噌だれ】を入れて混ぜ、①のきゅうりを入れてもみ込み一晩漬ける。

しっかり味なので、お好みで塩を省いてもOK。

油揚げピザ

材料（4人分）

油揚げ···················2枚
しらす、ピザ用チーズ············各適量
お好みできざんだ大葉（なくてもOK）······適量

【甘味噌だれ】

味噌、醤油麹···············各大さじ1/2
甘麹····················大さじ1

作り方

混ぜ合わせた【甘味噌だれ】を油揚げにぬり、しらすとピザ用チーズをのせて、トースターで5分焼く。お好みで大葉をのせる。

しっかり味なので、お好みで甘味噌だれを減らしてもOK。

chapter 3

初登場！
めんつゆ麹の
作り方とレシピ

麺類のつゆはもちろん、これひとつで煮物、炒め物、おひたし、あえもの、その他もろもろバッチリ味が決まる、とにかく万能な麹調味料。肉も魚も野菜も、メインも副菜も、これひとつでおいしくなります！　合わせる食材や調理法を変えて、飽きることのない、日常使いに最適なレシピをご紹介します。

めんつゆ麹の作り方／基本の使い方

保存容器は煮沸やアルコールスプレー等で消毒したものを使ってください。
かき混ぜるスプーンやその他の道具は、清潔なものであれば消毒はしなくてもOK！炊飯器でも作れます（P14、15参照）。

材料

【できあがり量約420㎖】

生米麹	180g
醤油	200㎖（230g）
本みりん	180㎖（210g）
塩分無添加のだしパックの中身	15g
塩	10g

または…

【できあがり量約480㎖】

乾燥米麹	150g
醤油	200㎖（230g）
本みりん	200㎖（230g）
塩分無添加のだしパックの中身	15g
水	60㎖（60g）
塩	15g

（MEMO）塩分無添加のだしパックの中身は、粒子の細かいものがおすすめ。お好みのだし粉でもOK。

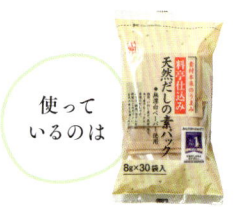

使っているのは

**かね七
天然だしの素パック**
鰹節、いわし煮干、昆布、椎茸、あじ煮干で作られていて旨みたっぷり。粒子の細かい粉状で口に残りづらい。

熱した本みりんをそのまま米麹と混ぜてしまうと、温度が高すぎて発酵に必要な酵素が失活してしまうので、醤油を先に混ぜることで温度を下げる。だしパックに椎茸が入っているものは生のまま使えないため、本みりんと共に加熱しているが、椎茸が入っていないものや、加熱済みの椎茸粉を使用する場合は、手順4で加えて混ぜるだけでもOK。

❶本みりんを煮詰めてだし粉を加える

吹きこぼれない程度にグツグツとする火加減を保つ

だしパックの袋を破って粉だけを加える

火を止めてから醤油を加える

本みりんを小鍋に入れて中火にかけ、7〜8分を目安に熱する。吹きこぼれないように火加減を調節して、約半量になるまで煮詰める（煮詰めすぎると結晶化することがあるので、煮詰めすぎない）。最後の30秒ほどでだしパックの中身を加え、30秒ほど熱してから火を止め、醤油を入れる。

『3倍濃縮のめんつゆと置き換えて使えます。
麹と、煮切った本みりんのコク深い甘みが引き立つ仕上がりなので、
しょうが焼きや肉豆腐などの定番の味も、めんつゆ麹ひとつでおいしく作れます。』

❷ 米麹、水、塩をよく混ぜて❶を加える

保存容器で先に麹と塩、水を混ぜておく

❶の調味液を加えてさらに混ぜる

保存容器に米麹と水を入れてなじませ（生米麹の場合は不要）、塩を加えてまんべんなく混ぜる。❶を加えてよく混ぜ、密閉せずに蓋をする。

（MEMO）めんつゆ麹は、乾燥米麹を使って常温発酵させると、米麹の芯が残りやすいので、生米麹にもどしてから作るのがおすすめ。（P44の工程①参照）

❸ 常温または55〜60℃で発酵させる

【常温発酵の場合】
直射日光の当たらない室内で1〜2週間を目安に発酵させる。1日1回清潔なスプーンやヘラなどでかき混ぜる（カビないように、容器の内側の側面やふちについためんつゆ麹を、ヘラ等でぬぐっておくと良い）。

【55〜60℃発酵の場合】
ヨーグルトメーカーやオーブンの発酵機能で55〜60℃で8時間発酵させる。発酵開始1時間半〜2時間後に1回かき混ぜて、その後はできれば2〜3時間おきにかき混ぜるのがおすすめ。

❹ 米麹がやわらかくなったら完成

ブレンダーなどでペースト状にしてもOK

米麹がやわらかくなったら完成！密閉して冷蔵保存または冷凍保存する。

冷蔵保存：約3カ月
冷凍保存：約半年

基本の使い方

3倍濃縮の麺つゆのやや少なめ〜同量で置き換える

【漬ける】	【浸す】	【スープ】
肉や魚100〜200gをめんつゆ麹 **大さじ1** に漬けて焼く	3〜4倍に薄めてうどんのつけ汁やお浸しに	水150mℓにめんつゆ麹 **大さじ1** でスープに

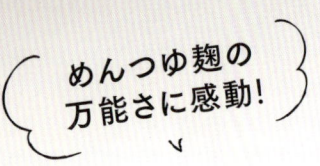

みんな大好き定番3品献立

我が家の子どもたちが大好きな3品。定番メニューの
組み合わせですが、めんつゆ麹ひとつで新しいおいしさに出合えます。
副菜は、P59の人参ときゅうりのさっぱりあえや、
作り置きしておいたP69の甘麹のべったら漬けも合います。

きゅうりとわかめのおひたしの
レシピはP121をチェック！

野菜を巻いて食べると
最高においしい！

キャベツを巻いて食べる
だし香るしょうが焼き

材料(4人分)　〔麹代用可能〕

豚ロース肉薄切り		320g
A	めんつゆ麹	大さじ3
	しょうが(すりおろす)	小さじ1/2〜1

混ぜ合わせたAを肉にぬって漬けておく

B	キャベツ(千切り)	1/4個
	人参(千切り)	1/3本
ミニトマト(半分に切る)		6個
米粉または片栗粉		大さじ2
ごま油		大さじ1

(めんつゆ麹は、3倍濃縮のめんつゆ大さじ3〜4と
砂糖またははちみつ小さじ1程度で代用可能)

作り方

① 混ぜ合わせたAを豚肉にまんべんなくぬり、30分程度漬けてから(一晩おいてもOK)、米粉または片栗粉をまぶす。
② フライパンにごま油を熱し、①の豚肉を数枚ずつ入れて両面焼き、焼けたものからとり出しておく。
③ 肉を全て焼いたら火を止め、そのままのフライパンにBを入れて、フライパンの底についた旨みをまとわせるように余熱でさっと炒める。
④ ミニトマトと共に器に盛り付けて、キャベツと人参を豚肉で巻きながら食べる。

だしなしかき玉味噌汁

材料(4人分)　〔麹代用可能〕

A	キャベツ(短冊切り)	1/8個
	かぼちゃ(角切り)	1/8個(150g)
	水	600㎖
	めんつゆ麹	大さじ1

(3倍濃縮のめんつゆ大さじ1強程度で代用可能)

味噌		大さじ2
卵(溶いておく)		2個

作り方

① 小鍋にAを入れて蓋をして熱し、煮立ったら弱火で10分煮る。
② 溶き卵をまわし入れ、ひと呼吸おいてから優しくかき混ぜ、火を止めて味噌を溶かす。

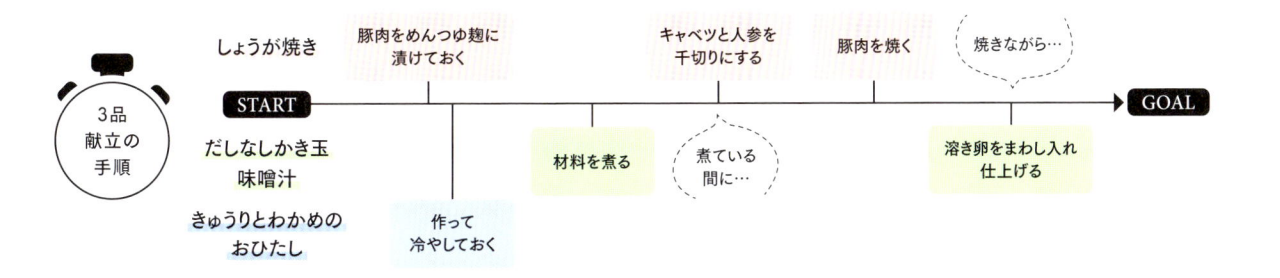

3品献立の手順

しょうが焼き　　豚肉をめんつゆ麹に漬けておく　　キャベツと人参を千切りにする　　豚肉を焼く　　焼きながら…

START　→　GOAL

だしなしかき玉味噌汁　　材料を煮る　　煮ている間に…　　溶き卵をまわし入れ仕上げる

きゅうりとわかめのおひたし　　作って冷やしておく

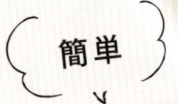

ほぼ放置の2品献立

作業時間が短くてシンプルな工程なので、忙しいときには
ぜひこの献立を。どちらもめんつゆ麹だけの味付けですが、
合わせる具材の旨みでまた違った味になります。
炊き込みごはんの代わりにさっぱりと、P103の大根ときゅうりと
ミニトマトのナムルでもおいしいです。

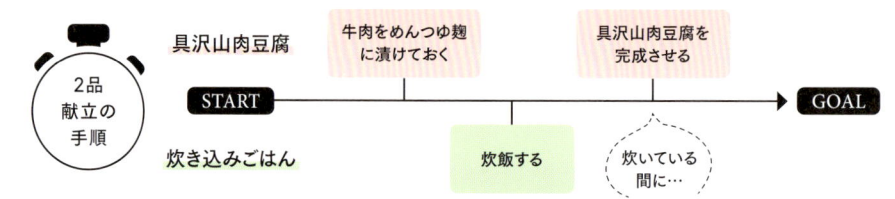

2品献立の手順	具沢山肉豆腐		牛肉をめんつゆ麹に漬けておく		具沢山肉豆腐を完成させる	
		START				GOAL
	炊き込みごはん		炊飯する	炊いている間に…		

具沢山肉豆腐

麹代用可能

材料(4人分)

牛こま切れ肉 ……………………………… 200g
めんつゆ麹 ……………………………… 大さじ1と1/2
　肉にめんつゆ麹をもみ込み漬けておく
　（同量の3倍濃縮のめんつゆで代用可能）
焼き豆腐または木綿豆腐(12等分に切る)…… 300g
長ねぎ(斜め切り) ……………………………… 1本
エリンギ(横半分に切ってから薄切り) …………… 2本
アスパラガス(2等分に切る) …………………… 4〜8本
A ┌ 追加の**めんつゆ麹** …………………… 大さじ3
　│ 水 …………………………………… 200㎖
　└ （めんつゆ麹は、3倍濃縮の麺つゆ大さじ4程度と
　　　砂糖またははちみつ小さじ1程度で代用可能）
ごま油 ………………………………………… 小さじ2

作り方

① 牛肉にめんつゆ麹をもみ込み30分程度漬けておく（一晩おいてもOK）。

② フライパンにごま油を熱し、長ねぎ、エリンギをさっと焼く。

③ あいたところに豆腐と①の牛肉をめんつゆ麹ごと広げて入れる。混ぜ合わせたAをまわし入れて10〜15分ほど蓋をせずに煮る。最後の3分でアスパラガスも入れて煮る。

火が通りやすいアスパラは最後に加える

③

めんつゆ麹の炊き込みごはん

麹代用可能

材料(4人分)

白米 ……………………………………… 2合
A ┌ 人参(細切り) ……………………… 1/3本
　│ 松山あげ(2㎝角に切る) …………… 15〜20g
　│ （油あげ1〜2枚で代用OK）
　│ ドライパックのひじき ……………… 50g
　└ コーン ……………………………… 50g
めんつゆ麹 …………………………… 大さじ3
（3倍濃縮のめんつゆ大さじ3と塩ふたつまみ程度で代用可能）

作り方

炊飯釜にといだ白米とめんつゆ麹を入れて、いつも通りの目盛りまで水を入れて混ぜる。Aを上から順に広げて入れたら、混ぜずに炊飯する。

使っているのは

**程野商店
松山あげ 小判**

特有のもっちりとした食感とコクと甘み。常温保存で日持ちして便利。

味染み2品献立

めんつゆ麹に漬けたぶりは、煮込み時間が短くてもバッチリ味が染みてしっとり絶品！
2品とも小さなひと工夫で、時間をかけずに味を染み込ませることができます。
汁物は野菜たっぷりの、P35の塩麹和風ミネストローネもおすすめ。

2品（+α）献立の手順

ぶり大根	ぶりをめんつゆ麹に漬けておく	大根を茹でる	15分茹でている間に…	残りの材料とぶりを加えて煮る	煮ている間に…	
START						GOAL
長芋豚汁 とろろごはん	豚肉をめんつゆ麹に漬けておく	手順に沿って②まで作る	煮ている間に…	豚肉と味噌を加えて仕上げる	（お好みで）とろろごはんを作る	

ぶり大根

材料（4人分） 麹代用可能

ぶり（3〜4等分に切る）	4切れ（300g）
塩	小さじ1/2

ぶりに塩をふってから洗い臭みをとる

めんつゆ麹	大さじ2

ぶりにめんつゆ麹をまぶして漬けておく
（めんつゆで代用する場合は下味はなし）

大根（2cm幅の半月切り）	1/2本
水	400㎖
追加のめんつゆ麹	大さじ3

（3倍濃縮のめんつゆ大さじ6〜7程度で代用可能）

しょうがスライス	1枚

作り方

① ぶりにまんべんなく塩をふって10分ほどおいてから水で洗い、水気をふきとって臭みをとる。めんつゆ麹をまぶして1時間程度漬ける（一晩おいてもOK）。

② 鍋に大根と水を入れて蓋をして熱し、煮立ったら蓋をしたまま弱火にして15分茹でる。

③ ②の鍋に追加のめんつゆ麹としょうがスライスを入れて中火で熱する。再び煮立ったら①のぶりを麹ごと入れて、落とし蓋をして弱火〜弱中火で15分煮る。

ひと手間プラスで

+α MENU
とろろごはん

ごはんを器にもり、すりおろした長芋適量をかける。上からめんつゆ麹を適量たらす。

長芋豚汁

材料（4人分） 麹代用可能

豚ロース肉（しゃぶしゃぶ用）	100g
めんつゆ麹	小さじ2

肉にめんつゆ麹をもみ込み漬けておく

A	長芋（半月切りまたはいちょう切り）	150g
	人参（半月切り）	1/2本
	長ねぎ（縦半分に切って輪切り）	1/4本
	糸こんにゃく（食べやすい長さに切る）	100g
	冷凍ささがきごぼう	大さじ山盛り3程度（40g）
	しょうがスライス	1枚
B	塩分無添加のだしパック	1袋
	水	600㎖
味噌		大さじ1＋大さじ1強

（めんつゆ麹を使わない場合は味噌を適量増やせばOK）

ごま油	小さじ2

作り方

① 豚肉にめんつゆ麹をもみ込み30分程度漬けておく（一晩おいてもOK）。

② 鍋にごま油を熱し、Aを2〜3分しっかりと炒めてから、Bを入れて蓋をして熱する。煮立ったら弱火にして、1〜2分煮だしてからだしパックをとり出す。味噌大さじ1を溶かして蓋をして弱火で5分ほど煮る。

（MEMO）短時間で作っても味が染みるよう、先に味噌の約半量を入れる。

③ ①の豚肉を加えてほぐし、火が通ったら火を止めて、味噌大さじ1強を目安に溶かす。

（MEMO）豚肉をめんつゆ麹に漬けておき最後に加えることで、パサつかずにしっとり仕上がる。加熱で飛びやすい味噌の香りを生かすため、残りの味噌は最後に入れる。

ぶり大根で残った大根があれば豚汁にプラスしてもOK。

超絶品！

お手軽食材の2品献立

手軽な食材の組み合わせで作れる、大満足の2品です。
めんつゆ麹とマヨネーズの組み合わせは、野菜嫌いのお子さんも食べやすい鉄板の味付け。
副菜はP42のフレンチマリネサラダも合います。

鶏胸肉と絹厚揚げの おろし煮

麹代用可能

材料（4人分）

鶏胸肉（一口大のそぎ切り）…………………	1枚（300g）
めんつゆ麹……………………………	大さじ1と1/2

肉にめんつゆ麹をもみ込み漬けておく
（3倍濃縮のめんつゆ大さじ1と1/2程度、塩小さじ1/4、
砂糖小さじ1/2で代用可能）

絹厚揚げ（食べやすい大きさに切る）………	140g×2個
茄子（乱切り）………………………………	2本
いんげん（3〜4等分に切る）………………	15本
片栗粉…………………………………………	大さじ1

A
大根（すりおろす）………………	1/4個（250g）
追加のめんつゆ麹 ………………	大さじ4

（3倍濃縮のめんつゆ大さじ5強程度と
砂糖やはちみつ小さじ1程度で代用可能）

水……………………………………	150ml
ごま油…………………………………………	大さじ1×2

作り方

① 鶏胸肉にめんつゆ麹をもみ込み30分程度漬けてから（一晩おいてもOK）、片栗粉をまぶす。

② フライパンにごま油大さじ1を熱し、①の鶏胸肉を両面焼き色がつくまで焼きはじに寄せる。茄子とごま油大さじ1をあえて、フライパンのあいたところに入れて同時に焼く。

③ 絹厚揚げといんげんも加えて全体をさっと炒め合わせたら、Aを入れて蓋をせずに8〜10分ほど煮る。

時々、全体を優しく炒めながら煮ると良い

ツナと野菜の
めんつゆ麹マヨあえ

材料（作りやすい分量）

麹代用可能

ツナ缶	1缶
ドライパックのひじき	50g
オクラ（茹でて斜め切り）	8〜10本
人参（細切りしてさっと茹でる）	1/3本
めんつゆ麹、マヨネーズ	各大さじ1

（めんつゆ麹は3倍濃縮のめんつゆ大さじ1程度で代用可能）

作り方

材料を全て混ぜ合わせる。

人参は冷凍ささがきごぼう（さっと茹でる）でもおいしい！

2品
献立の
手順

START

鶏胸肉と厚揚げの
おろし煮

ツナと野菜の
めんつゆ麹マヨあえ

鶏胸肉をめんつゆ麹
に漬ける

野菜を全て切る

具材を
焼いて煮る

お湯を
沸かしておく

8〜10分
煮ている間に…

野菜を茹でて
仕上げる

GOAL

具沢山うどん

とにかく簡単に作れて、栄養バランスもバッチリの一品。休日のお昼ごはんもこれで安心です。

材料（2人分）　麹代用可能

冷凍うどん	……	2玉
A	冷凍カット油揚げ ……	大さじ山盛り2
	大根（いちょう切り）……	2cm幅
	人参（短冊切り）……	1/4本
	ぶなしめじ（ほぐす）……	1/2株
乾燥わかめ	……	小さじ2
めんつゆ麹	……	大さじ4

（3倍濃縮のめんつゆ大さじ5強程度で代用可能）

水	……	600㎖
ごま油	……	小さじ1

作り方

① ごま油でAをさっと炒める。

② 水を入れて蓋をして熱し、煮立ったら弱火で3分ほど煮る。

③ 中火にして、乾燥わかめ、めんつゆ麹、冷凍うどんを入れてほぐしながら3分ほど煮る。

味付き半熟煮卵

めんつゆ麹ひとつで卵がごちそうに。
卵1個にめんつゆ麹大さじ1/2を目安に、
お好きな個数で作ってください。

麹代用可能

材料（4人分）

卵	4個
めんつゆ麹	大さじ2

（同量の醤油麹または、3倍濃縮のめんつゆ大さじ2程度で代用可能）

作り方

① 鍋にたっぷりの水を入れて沸かす。冷蔵庫から出してすぐの卵をゆっくりと入れて、沸騰したお湯で6分茹でて冷水にとり冷やす（最初の1分ほどは、卵を優しく転がしながら茹でると黄身が真ん中になる）。

② 殻をむいた卵とめんつゆ麹をジップつきの袋に入れてなじませ、一晩程度冷蔵庫で漬ける。

塩麹

醤油麹

甘麹

コンソメ麹

中華麹

めんつゆ麹

材料（4人分）

麹代用可能

A	卵	3個
	めんつゆ麹	大さじ1
	水	大さじ4
油		適量

（巻くのが難しそうなら水は大さじ3でもOK）
（めんつゆ麹は同量の3倍濃縮のめんつゆと塩ふたつまみで代用可能。その場合は水を大さじ3にすると巻きやすい）

作り方

① Aをよく混ぜ合わせる。

② 卵焼き用のフライパンに油を熱し、弱中火にしてから①の卵液の1/3量を入れる。一呼吸置いてから菜箸で優しくかき混ぜ、固まりきる前に、フライ返しなどで奥に押して形を四角に整える。

③ 残りの卵液を数回に分けて流し入れて、奥から手前に巻く。これを卵液がなくなるまで数回繰り返す。油は適宜足しながら、火加減は弱～弱中火で調整しながら焼く。

(MEMO) 卵液の底に麹が溜まりやすいので、卵液はその都度かき混ぜてからフライパンに流すと良い。

究極のだし巻き卵

ふんわりジューシーさを追求しつつも、きれいに
巻ける、ギリギリのラインを攻めたレシピ。
めんつゆ麹のおかげでふっくら&だし要らず。

めんつゆ麹で作る4種の

麹代用可能

枝豆いりひじき煮

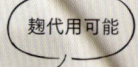

フライパンや鍋にごま油小さじ2を熱し、人参1/2本（細切り）と生の芽ひじき150gを入れて2分ほど炒める。油揚げ1枚（短冊切り）と冷凍むき枝豆100gも入れてさっと炒め合わせる。めんつゆ麹大さじ4、水200mlを入れて、汁気がなくなるまで弱〜弱中火で10分ほど煮る。
（めんつゆ麹は3倍濃縮のめんつゆ大さじ5強程度で代用可能）

枝豆を、ミックスビーンズや大豆の水煮にしてもおいしい。

麹代用可能

サイコロ五目煮

フライパンや鍋に油をひかず、アク抜き不要のこんにゃく130g（角切り）を入れて2分ほど炒める。ごま油小さじ2を入れて、ごぼう1本（約150g）（縦4等分にしてからサイコロ状に切る）も加えて2分ほど炒める。人参1本（角切り）、椎茸2〜3枚（角切り）も入れて3分ほど炒め合わせる。大豆の水煮100g、めんつゆ麹大さじ3、水200mlを入れて落とし蓋をして、汁気がなくなるまで弱〜弱中火で10〜15分ほど煮る。
（めんつゆ麹は3倍濃縮のめんつゆ大さじ4程度で代用可能）

作り置き副菜

塩麹 醤油麹 甘麹 コンソメ麹 中華麹 **めんつゆ麹**

糸こんにゃくごぼう （麹代用可能）

フライパンにごま油小さじ2を熱し、人参
1/2本（細切り）、冷凍ささがきごぼうふたつか
み、糸こんにゃく140ｇ（アク抜き不要のもの使用）
を5分ほどしっかりと炒める。めんつゆ麹大
さじ3を入れて全体を炒め合わせる。
（めんつゆ麹は3倍濃縮のめんつゆ大さじ4程度で代用可能）

（麹代用可能）

きゅうりと
わかめのおひたし

きゅうり1本（スライサーで小口切り）、生わかめ60ｇ、
めんつゆ麹大さじ2、水大さじ4を全て混ぜ合
わせ20分程度〜冷蔵庫で冷やす。
（めんつゆ麹は同量の3倍濃縮のめんつゆで代用可能）

茹でたほうれん草とえのき茸など、
色々な具材でアレンジできる。

覚えておけば

どんな献立にも合わせやすい
6種の手作りドレッシング

このドレッシングたちがあれば、和風、洋風、中華風からアジア・エスニック風のメニューまで、
どんなジャンルの献立のサラダもおいしく食べられます。できあがり量に差がありますが、
それぞれ使用する献立の該当ページのサラダの分量に合わせた量になっています。
多めに作ったら、冷蔵庫で数日保存可能です。

1.

2.

1.甘麹のごまドレッシング

材料（約135㎖）

甘麹大さじ3、めんつゆ麹、ごま油、りんご酢、
牛乳各大さじ1、白すりごま大さじ2

作り方

材料を全てよく混ぜる。

※レシピ通りがおすすめですが、
　牛乳は無調整豆乳で代用または省いてもOK。
　めんつゆ麹は醤油麹や味噌で代用してもOK。

2.オニオン和風ドレッシング

材料（約310㎖）

パウチの炒め玉ねぎ100ｇ、醤油麹大さじ6、
オリーブオイル大さじ4、りんご酢大さじ3、
はちみつ大さじ1、お好みで黒コショウ

作り方

材料を全てよく混ぜる。多めにできるので
残りは冷蔵保存3日を目安に食べ切って。
茹でた豚肉や鶏肉にかけてもおいしい。

3.

3.コンソメ麹ドレッシング

材料（約60ml）

コンソメ麹、水、オリーブオイル 各大さじ1、
りんご酢、はちみつ 各大さじ1/2

作り方

材料を全てよく混ぜる。

4.

醤油麹と、その半量のごま油、りんご酢、
はちみつで作ると、やみつき醤油麹の
中華風ドレッシングになります。

5.

6.

6.やみつき塩麹ドレッシング

材料（約70ml）

塩麹、ごま油各大さじ1と1/2、
りんご酢大さじ1、はちみつ小さじ1

作り方

材料を全てよく混ぜる。

4.シーザー風ドレッシング
5.コブサラダ風ドレッシング

材料（約60ml）

コンソメ麹、香りのない油またはオリーブオイル、
粉チーズ、無調整豆乳または牛乳各大さじ1

作り方

材料を全てよく混ぜる。
（チリパウダー小さじ1/2プラスでコブサラダ風ドレッシングに）

麹調味料の
作り方のあれこれQ&A

Q. 使用する水は
どんなものが良いですか?

A. 浄水器の水やウォーターサーバー、
市販のミネラルウォーターがおすすめ。

そのままの水道水やアルカリイオン水は発酵を妨げることがあるので避けて。水道水しかなければ煮沸して冷ましてから使うと良いです。硬水は麹の粒が柔らかくなりにくいことがあるので、軟水がおすすめ。

塩は精製されていない
海水塩がおすすめ

かき混ぜるスプーンは
清潔なものであれば
消毒しなくて大丈夫

Q. 常温発酵はどんな場所に
おくのがベスト?

A. 直射日光の当たらない室温におけば大丈夫。

発酵が進みやすいのは25〜30℃なので、寒い時期はできるだけ暖かい部屋におくと良いです。30℃を超えると徐々に雑菌が繁殖しやすくなるので、麹調味料を入れる容器の消毒をしっかりとして、かき混ぜる回数を増やすと安心。35〜40℃は雑菌が最も繁殖しやすい温度帯なので、直射日光が当たらないように気をつけて。

Q. 乾燥米麹で常温発酵して芯が残ったときはどうしたらいい?

A. 乾燥米麹を生米麹のように戻してから使うと芯が残りにくくなる!

乾燥米麹と、乾燥米麹の4〜5割の分量の水か60度以下のお湯(麹調味料の材料の分量内の水を使用)をチャック付きポリ袋に入れてなじませて、1〜2時間おくと生米麹のように戻ります。水分がまんべんなく行き渡るように、途中で上下をひっくり返すと良いです。あとは残りの材料を加えて発酵させればOK。発酵完了後に芯残りが気になる場合は、50〜60℃程度のお湯に麹調味料の入った瓶または袋ごとつけて、数時間おいて発酵を促して。蓄熱効果の高い厚手の鍋に入れて蓋をするのがおすすめですが、ボウルなどを使ってお湯が冷めてしまったら、またお湯を替えれば大丈夫です。

空気はしっかり
抜いておく

発酵後に芯が残った
場合はお湯に浸けて

左が常温発酵、
右が機械での発酵で作ったもの

Q. 常温発酵とヨーグルトメーカーなどの機械
での発酵で仕上がりに違いはあるの?

A. かかる時間の他にも、味と水分量や
とろみ加減が違います。

理由は、発酵させる温度によってよく働く酵素の種類が異なるから。また常温発酵では乳酸菌や酵母菌も働きます。そのため、常温発酵は旨みがより引き立つ仕上がり、機械での発酵は甘みが引き立つ仕上がりになります。また、機械での発酵の方がやや水分が少なめのとろみのある仕上がりになるのと、米麹の芯までやわらかくなります。

Q. 無事に完成しているか見極め方がわかりません。失敗ってどんな状態?

A. 黒や赤色の色のついたカビが生えていたらNG。食べられません。

黒や赤など色のついたカビが生えてしまった場合は、健康に悪影響を及ぼす可能性があるので、とり除いても食べられません。残念ですが処分してください。

空気に触れている表面の米麹だけが全体的に灰色に変色することがありますが、その米麹の特徴なので心配いりません。水分量を保ち、発酵開始後の最初のかき混ぜをこまめにすることで、変色を抑えやすくなります。

また、中華麹やコンソメ麹等、米麹が青色や青緑になることがありますが、にんにくや玉ねぎなどの成分による自然な反応で、身体に害はないので大丈夫です。

常温発酵の際かき混ぜを忘れると、産膜酵母という白いふわっとした膜のようなものが稀に生えることがありますが、人体に害はないので失敗ではありません。味や風味は落ちるので見つけたら早めにとり除けば食べられます。

中華麹やコンソメ麹は
緑色になっても大丈夫

40～45度は旨みを出す
酵素が一番よく働く温度♪
実はおすすめの方法です。

Q. オーブンの発酵温度が40、45℃にしか
選択できません。作れませんか?

A. 発酵時間は少し長くなりますが、
常温発酵よりも早く作れます。

・45℃の発酵モードで12時間発酵させた後、常温で1日程度おく
・40℃の発酵モードで12時間発酵させた後、常温で2～3日おく
を目安に、お使いの米麹に合わせて様子をみて芯がやわらかくなればOKです。オーブンでの発酵時間を、芯がやわらかくなるまで12時間以上おいて作っても良いです。

おわりに

今や当たり前に知られるようになった「腸活」や「麹調味料」。

日々の生活に取り入れている方が増えてきていることを感じていますが、

腸活も麹調味料も「続けること」がとても大切です。そして続けるためには、

自分のライフスタイルに合わせて「ムリなく」取り入れることがポイントだと思っています。

完璧を求めたり、できていないことで自分を責めたりと、ストレスに感じてしまっては逆効果。

私はいつも、「何事もゆるりとおきらくにできる範囲で」ということを心がけています。

この本も、ムリせずおきらくにできる。でもとびきりおいしいを追求しました。

麹調味料などで腸活をすることで腸内環境が整うと、脳内の幸せホルモン

と呼ばれるセロトニンが分泌されることにつながり、

身体だけでなく心にも良い影響があると言われています。

そして心が安定することでもまた、腸内環境は改善するそうです。

つまり、「料理がラクになったな」「おいしくて家族も喜んでくれたな」

「健康に良いことができてる自分が好きだな」「麹って楽しいな」

そんな前向きな気持ちで麹生活、腸活ができると、さらにセロトニンが

分泌されることにつながり、幸せのループが生まれていくということ。

麹や腸活の効果を身をもって感じられる変化があったらとてもうれしいことですが、

体感できるかは個人差もありますし、様々な生活要因（食事、睡眠、運動、ストレス等）

にも関わってきます。効果がわからないからといって、

「何がいけないのか」「もっとこうしなくては」と一生懸命になりすぎず、

おいしいから。食べたいから。楽ちんだから。家族が喜ぶから。

その気持ちを第一に、おきらくに続けていくことが何より大切だと思っています。